以深厚的国学积淀破解人生密码
以先哲的智慧解答当下心灵困惑

向孔门弟子借智慧

傅佩荣 著

中华书局

图书在版编目（CIP）数据

向孔门弟子借智慧/傅佩荣著. －北京:中华书局,2011.6
（新杏坛丛书）
ISBN 978 – 7 – 101 – 07903 – 6

Ⅰ.向… Ⅱ.傅… Ⅲ.儒家－哲学思想－应用－现实生
活 Ⅳ.①B222②C913

中国版本图书馆 CIP 数据核字（2011）第 055845 号

书　　名	向孔门弟子借智慧
著　　者	傅佩荣
丛 书 名	新杏坛丛书
责任编辑	余　瑾
出版发行	中华书局
	（北京市丰台区太平桥西里 38 号　100073）
	http://www.zhbc.com.cn
	E – mail:zhbc@ zhbc.com.cn
印　　刷	北京瑞古冠中印刷厂
版　　次	2011 年 6 月北京第 1 版
	2011 年 6 月北京第 1 次印刷
规　　格	开本/700×1000 毫米　1/16
	印张 11¼　插页 2　字数 200 千字
印　　数	1 – 10000 册
国际书号	ISBN 978 – 7 – 101 – 07903 – 6
定　　价	20.00 元

目　录

自　序

　　想起孔子，我们最熟悉的画面就是他在一群学生的追随下周游列国。我们所读的《论语》中，孔子的每一句话都是学生们记录下来的，其中许多资料是对特定学生提问的回答。感谢这些孔门弟子，由于他们的勤学好问，我们才有机会得知孔子的思想。

　　孔子的学说"一以贯之"，以一个中心思想建构起整个儒家体系。连颜回这样的高材生都难免感叹"仰之弥高，钻之弥坚"，何况是我们隔了两千五百多年之后的现代人呢？孔子亲自教诲的弟子为数众多，时日又久，但是他依然感慨"莫我知也夫"，总觉得无人了解他的心意，又何况是我们这些平凡的后生晚辈呢？因此，学习孔子，有如步上漫漫长途，要耗尽一生的心血与体验才能结成善果。

最有效的学习方法不是别的，就是向孔门弟子请教，因为这些弟子性格各不相同，资质有高有低，体悟有深有浅，志向有远有近，实践有成有败。他们提供的学习光谱，让我们可以找到自己的定位，期勉自己借由他们向孔子请益。我们在人生的不同阶段，会欣赏不同的孔门弟子。年轻时喜欢子路的豪气与率真；求学时羡慕聪明的子夏与子游；与人交往时又希望具备宰予和子贡的伶俐口才；就业之后，仲弓与冉求的从政经历可供参考；然后，曾参不断进步；子张勇于提问；至于首席弟子颜回，更是我们终身的典范。

孔子身为老师，对学生因材施教，收弟子有教无类，因此不会拒绝我们任何一人的请益。那么，我们何不随着孔门十大弟子的学习方式，亦步亦趋，修炼自己的身心呢？以战国时代中期的孟子为例，他的愿望是亲炙孔子，但年代太晚而只好私淑之，结果成效斐然，能够承先启后，继志述事，踵事增华，成为后人推崇的亚圣。孟子书中多次引述孔门弟子的言行，在某种程度上，也可以说是经由这些弟子而领悟孔子的核心思想。

我于2007年应山东卫视之邀，为"新杏坛"栏目主讲"向孔门十大弟子借智慧"，所介绍的即是前述十弟子。所学者分别是：颜回的快乐、子路的率真、子夏的教书、曾参的勤奋、冉求的做官、宰予的辩论、子贡的说话、子游的胸襟、仲弓的德行，以及子张的立志。其他弟子见诸《论语》者，也都分别在各讲中述及而少有遗漏。

我近年推广儒家思想，提出"以孔子为师，与孔子为友"与大家共勉。这本小书是专从孔门弟子的角度着手进行深入学习，希望有助于我们对《论语》与孔子有更完整的认识。

向孔门弟子借智慧

第一讲 向颜回学习快乐

现代人应当向颜回借快乐；而颜回的快乐来自他的智慧。

在孔门弟子中首先讲颜回，很多人可能都会有点费解。记得很多年前，我在荷兰教书的时候，当地的华人请我去做一场演讲。我在讲演中特别提到颜回，立刻就有人抗议。因为当地华人百分之八十都经营餐饮业，就是开饭馆。他们说，颜回那么穷，你给我们介绍颜回，难道要我们跟他一样穷吗？我说，我不是要你们贫穷，而是希望你们像颜回一样快乐。如果一个人在穷困的时候依然快乐，那么，他在富裕的时候就能够更快乐。快乐基本上不以贫穷或富裕为先决条件。

人活在世界上，都希望过得快乐，但是快乐分很多层次。有些人说，我吃饱喝足就快乐了；有些人说，我孝顺父母，友爱同学、朋友，就觉得快乐；还有些人说，我牺牲奉献，为别人服务，才觉得快乐。可见，不同的人对快乐有不同的理解，可以通过不同的方式获得快乐。现在，我们要看看儒者是怎样设定快乐，又是如何培养快乐的。

在孔门弟子里，颜回并不是年纪最大的，但是他的德行最高；而且，讲到好学，他又是表现最突出的。把德行与好学结合起来，是儒家思想的特色。我们有必要先介绍一下选择孔门十弟子的基本原则。

《论语·先进篇》特别谈到孔子的学生分为四科，十哲。也就是说，四个专业，加起来有十位优秀的学生。第一科当然是德行科，里面有四位同学：颜回、闵子骞、冉伯牛、仲弓。第二科是言语科，指的是特别聪明，能言善辩的人，有两位代表：宰予和子贡。第三科是政事科，指政务和事务，通俗地讲，就是能够做官，而且政绩出色的，一位是冉求，另一位是子路。第四科是文学科，不是说会写文章，而是指对文献很熟悉，读书破万卷，代表人物是子游和子夏。其中的闵子骞、冉伯牛，我将在介绍仲弓的时候谈到。此外，再加两位，一是曾参，二是子张。子张虽然年纪小，但是很重要。他在《论语》里面出现的次数大概排第三，仅次于子路和子贡。这样一来，孔门十弟子的智慧就从不同的侧面，比较清楚地勾勒出了孔子心目中的理想人格。下面，我们首先谈谈颜回。

起初，孔子对颜回的印象并不好。孔子在教学过程中很喜欢学生提出疑问，这样就可以进一步讨论问题，并给学生明确的指导。如果学生总是没有问题，老师就会觉得茫然，不知道该怎么给出有针对性的意见。孔子曾经说过，我跟颜回谈了整天，他却没有提出任何质疑，

向孔门弟子借智慧

颜回像

"不违如愚"，好像很笨，不太聪明。但是，孔子后来发现，颜回在课后能够把所学的东西融会贯通，并在实际生活中实践应用，慢慢地提升自己。可见，颜回并不笨。他之所以不发问，是因为他特别聪明，知道孔子的话都是有所根据的。所以，孔子又说，这个学生从来没有停下来休息，我只看到他进步，没见过他停止。作为一个年轻人，最重要的就是通过学习，不断进步成长。孔子也说过，后生可畏，年轻人是值得敬畏的，因为他每天进步，你怎么知道将来他不会超过我们这一代呢？孔子对学生的期许，在颜回身上得以实现。

　　大家都知道颜回非常好学。有一次，孔子故意问子贡："你跟颜回相比，谁更出色？"这个问题一听就知道是陷阱，不能答说，我比较出色，或者我跟他差不多。子贡很聪明，他回答："我怎么能跟颜回比呢？颜回闻一知十，我闻一知二。"他可是比我强五倍呢！这当然有点夸张了，人的聪明才智很难比较，又不是比智商，你是一百八，他是一百二，谁高谁低显而易见。在古人的观念中，十代表圆满。这也说明，孔门弟子都公认颜回聪明。颜回听到一句话，或者一个道理，就能联想到所有相关的问题，没有遗漏。这样的学生，真是不可多得的人才啊！

　　孔子晚年回到鲁国。不幸的是，儿子孔鲤在孔子七十岁的时候过世了，接着，颜回也辞世了。颜回去世之后，鲁哀公问孔子："老先生收了这么多学生，哪几个比较好学？请给我介绍一下。"国君是政治领袖，总希望发现、提拔人才。没想到，孔子说："有一个叫颜回的很好学。"三千弟子，精通六艺者七十二人，可是只有一个好学的，就是颜回。更重要的是孔子下面说的六个字"不迁怒，不贰过"。颜回的好学，就表现在这里。"不迁怒"就是，跟张三生气，不会因此对李四发火。我当老师就有这种体会。如果我因为在路上跟别人吵架,到教室后,就先把学生骂一顿,消消气,学生肯定受不了:"我们又没惹你,怎么老是拿我们出气呢?"这就是迁怒于人。我教书三十年,才能做到不迁怒。可是,"不贰过"我到现在还是做不到。所谓"不贰过",就是犯错之后,永不重犯。通常,我们做错事都会后悔,但有什么用呢? 大多数人以后会继续犯错、继续后悔。人的过失,往往因为性格,性格不改,过失就会跟着你,人生就失去了很多机会。颜回能够"不迁怒,不贰过",说明他将好学与生命相结合,改善了自己的人生。

那么,颜回的志向是什么呢?"无伐善,无施劳。"不去夸耀自己的优点,也不把辛苦的事推给别人做。但是,两个"无"字叠加在一起,似乎有点消极。如果想过得快乐,就不能只是不要这样、不要那样,这有点儿保守。不做坏事,更要积极地做好事。所以,这里有一个转折点。

简单来说就是:一个人要想过得快乐,一定要变被动为主动。我们的生活从小就是被动的,父母叫我们去读书、老师叫我们去做好事。我们按照别人的吩咐去做事。一旦长辈、老师不在身边的时候,我们就不一定去做了,反正没有人监督,我自由了。这是人类普遍的问题。美国人曾做过一个调查:如果可以隐身,你会做什么? 美国老百姓很诚实,百分之八十接受访问的民众都说要去抢银行。这说明,人们平常不敢抢,是因为有外界的压力,有警察、有保安,还有针孔摄像机,伸手必被捉。大多数人守规矩是被动的,要在别人的监督下才能遵纪守法。

孔子是伟大的哲学家、教育家,他最出色的学生是颜回,所以,如果颜回请教孔子思想的核心理念"仁",孔子的回答肯定是惊天动地的,让所有人都觉得确实有道理。孔子教导颜回的精彩之处就在于此。可惜的是,两千多年来,我们对这段话的理解都不太对。当然,我这么说,恐怕很多人有意见。如果我说朱熹也解释错了,很多人就更有意见了,因为读书人大多念朱熹的注解。但是,我们不应盲目崇拜古人,而要回到孔子与学生互动的层面上来理解原文。

《论语·颜渊篇》记载:"颜渊问仁。子曰:'克己复礼为仁。一日克己复礼,天下归仁焉。为仁由己,而由人乎哉?'"大多数人把"克己复礼"分为两部分来理解:"克己"与"复礼"。克己,就是克制自己的欲望,约束自己的诉求;复礼,就是实践礼仪的要求。比如,我是学生,对老师应有礼貌,这就要约束我自己的欲望。本来我不喜欢向老师鞠躬,而现在则要向老师鞠躬。这怎么可能是一种值得提倡的观念呢?可见,这样理解"克己复礼"是错误的。

此外,颜回是最没有欲望的学生,如果将"克己"翻译成克制自己的欲望,是对颜回的不公平。不仅孔子,连庄子都知道颜回清心寡欲。《庄子》里面有一段故事说,颜回学得不错,想到卫国去施展一番。孔子说,你准备得还不充分,修行还不达标,不行。颜回说,我已经很努力了,老师认为我还有什么地方做得不够吗?孔子想了半天,还是觉得他不合格。颜回受不了了,问老师,我究竟应该怎么做?孔子说,你要守斋。颜回说,我家里很穷,都三个月没吃肉、没喝酒了,你居然还叫我守斋?孔子说,我让你守的是心斋,心灵要守斋;而不是一般意义的守斋。

"克"在古代还有一个意思,就是能够。所谓"克己复礼",意思应该是能够自己做主,去实践礼的规范。这才是人生的正路。在这段话

向孔门弟子借智慧

中,"仁"应该翻译成,人生的路该怎么走。也就是说,颜回请教人生的正路在哪里?孔子说,能够自己做主,去实践礼的规范,就是人生的正路。哪怕只有很短的时间,只要能够自己做主,去实践礼的规范,那么天下人都会说,你走上了人生的正路。走上人生的正路要靠自己,难道要靠别人吗?颜回所请教的"仁"字是孔子的核心观念,孔子的答案肯定是一辈子的教学心得,一辈子做人处事的体会,其关键就是化被动为主动。

一个人要想快乐,就要从化被动为主动入手。比如说,"我今天应该上课","应该"意味着被动;把它改成"我今天愿意上课",这就是主动了。我教书三十年,从不请假、缺课,就因为学了这句话。把"应该"变成"愿意",我非但不觉得累,反而很开心。能够做到这一点,就意味着掌握了儒家思想的精髓,因为儒家思想的关键在于内在的真诚。而人是所有动物里面唯一可能不真诚的,因为人太聪明了,可以伪装,可以扮演各种角色。

但是,如果真诚做事,你就会发现,自己与别人的关系都建立在一种适当与否的考虑之上。比如,坐公共汽车时,有位老太太上来了,我要不要让座呢?如果不真诚,我就不让座。先来先坐,我也买票了,凭什么叫我让座呢?说不定有人比我更健康,更年轻!计较这些事,就说明你不真诚。如果真诚,看到老太太上来,我马上觉得她的年纪跟我的祖母一样大了,应该让她坐。这时,让座就是真诚引发内在力量所导致的行为,我不在乎是否有人叫我这样做,或者周围是否有人认识我。因为力量由内而发,我做了自己认为该做的事以后,快乐也由内而生。人生的快乐就在这里。当快乐由内而发的时候,穷困不在考虑之列，因为穷困只是一种生活状态。

事实上，孔子看到颜回的表现，常忍不住称赞他。孔子很少公开表扬学生，何况是反复称赞。他说："贤哉，回也！一箪食，一瓢饮，在陋巷，人不堪其忧，回也不改其乐。"这里的关键是"乐"。随后，孔子又重复了一遍"贤哉，回也"！孔子感叹说，颜回这个学生，真是出色，每天吃一竹筐饭，喝一点儿白开水，住在破旧的巷子中，别人都受不了这种生活的忧愁。各位想想看，如果叫你过这样的日子，想想都会觉得很烦恼。外面下大雨，屋里下小雨，这日子怎么过？面对别人受不了的忧愁，颜回却没有改变自己的快乐。所以孔子说，颜回真是出色啊！或许你要问，颜回是不是脑子有问题？被孔子教笨了，脱离了实际生活？不是，因为他内心有快乐的源泉。颜回可以做到，我们每个人也都可以做到，因为这是观念的抉择。

人生需要什么？我们不妨进行一下概念分析，把必要、需要和重要加以区别。必要指的是，非有它不可，但有它还不够。有些生活条件是必要的，比如，人非吃饭不可，但光吃饭不够。只要有最基本的生活条件，人就可以活下去，所以绝不要把财富看做是重要的，基本的物质条件只是必要的。那么，人生的需要是什么呢？就是发展心智的潜能，包括三方面内容：知、情、意。第一，求知。颜回喜欢读书，诗、书、礼、易、乐中，诗代表文学，书代表历史，礼代表社会规范，易代表哲学，乐代表音乐和艺术修养。古人念的书不多，五类就够了。如果把它们念好，就是全方位的学习，能够让人度过充实而快乐的一生。颜回把这些学好之后，"知"不断成长，不断进步。

第二，情感。人的情感需要控制。现在讲情商，就是再怎么困窘，也要控制情绪。我们可以用很多方法,比如音乐,来调节情绪。如果情绪控制得好,就可以慢慢提升人际互动的品质。比如说,一般人的情绪都是利己的,就是对自己有利。但如果你培养起较高的情商,就会逐渐意识到,对我有利,也应对别人有利。如果对大家都有利的话,不是更好吗?所以,在《易经》里有一卦叫做损卦。很多人听到"损",就觉得不好。其实错了,《易经》六十四卦中,只有两个卦是上上大吉,其中之一就是损卦。一般来说,如果损人利己,那结果肯定是人缘不好。但如果倒过来,损己利人,我做任何事都考虑到别人的需要,自己吃亏无所谓,这样的人谁不喜欢?所以,损卦是最好的,因为它讲的是损己利人。

颜回能够在情感上做到无私。"无伐善,无施劳",不夸耀自己的优点,不把劳苦的事推给别人。这样一来一往之间,毫无私心。这听起来很容易,做到却很难。孔子很喜欢讲君子。我以前念《论语》时,常常觉得自卑,因为打开《论语》一看,好像世界上只有两种人,一种是君子,一种叫小人。再一看其中的描写,发现自己就是小人。因为君子所了解和考虑的是道义,小人却专门看什么对自己有利。我们通俗地讲解一下君子与小人的区别。字面上看,小人就是小孩子,并不是坏人。如果小孩子的身体长大了,但心态还是小孩子的,那就变成只顾自己,自私自利了,所以,小人就是没有立志的人。相对而言,孔子所说的君子就是立志的人。我有志向让自己每天提升、改善,那我就是君子。所以,我们在念《论语》的时候,要把"君子"这两个字看做一种正在进行的状态。君子就是立志成为君子的人,而不是已经成为君子。真正做到君子太难了,没几个人。

为什么我们讲颜回的时候要提到君子呢？因为颜回的志向是无私，而这正是君子的特点，也是孔子对颜回称赞有加的原因。"子曰：'君子和而不同，小人同而不和。'"所谓"和"，就是和音。演奏音乐时，各种乐器发出不同的声音，但合奏起来却和谐动听。这就好比人与人相处，各人都有自己的特色，不能强求一致。"同"就是一致。君子可以与任何人和谐相处，不要求完全一致。小人则反过来，一定要听我的，所有人必须跟我一样。"君子周而不比，小人比而不周。""周"就是普遍，君子普遍爱护每一个人。谁需要帮忙，我就帮忙，而不是说这个人受伤了，他是我的同学、邻居，或亲戚我才帮忙。这就太狭隘了。"比"就是只喜欢几个死党。可见，君子是没有私心的。"君子泰而不骄，小人骄而不泰。""泰"是舒泰；"骄"是骄傲。人为什么骄傲？因为他以自我为中心，喜欢跟别人比较，自然而然就骄傲了。相反，如果不以自我为中心，与所有人都坦然相处，自然而然就感觉舒泰了。最后一句论断是大家都很熟悉的："君子坦荡荡，小人长戚戚。"君子为什么坦荡荡？因为他无私，没有私心。小人为什么一天到晚愁眉苦脸？因为他一直在跟别人较劲，与别人竞争。孔子提到的君子的几个特点，颜回都做到了。这样的人到哪里都会受欢迎，他自己也觉得非常快乐。也就是说，颜回的情商很高。

再看第三，意志。当你做选择的时候，是被动还是主动？如果是被动的话，就是别人要求我怎么做，我不得不做。很多事情都会有几分被动，几分主动，而且被动成分居多。因此，你需要慢慢修炼，也就是说，要逐渐增加主动成分。本来我不太愿意做，被要求做，慢慢变成我觉得应该去做，到最后变成我愿意做。如果我们练习着把所有责任都当做自己愿意做的,那就很不一样了。上班的时候会非常开心,工作的时候很认真,并以此为乐。这样一来,上班,老板对你很满意;工作,长官对你很满意;当学生,老师对你很满意。

　　说到读书,我们都习惯于被动,因为在中小学时代大家都是被要求的。但是,上了大学之后,要特别记得,一定要化被动为主动。我们可以借用尼采的说法来阐述这个道理。尼采在他的代表作《查拉图斯特拉如是说》中,用很短的篇幅说明人精神的三种变化:第一变变成骆驼,第二变变成狮子,第三变变成婴儿。骆驼代表忍辱负重。中学生都被老师、家长要求考大学,压力很大。你看他背着很重的书包,有的甚至背了两个书包,看起来像是单峰骆驼或双峰骆驼。然而,一旦上了大学,马上不一样了。他觉得,我现在可以像狮子一样自由选择了。骆驼是听别人对它说,你应该如何,你应该如何;狮子是对自己说,我要如何,我要如何。可见,尼采也同样注意到由被动到主动的变化。

　　古今中外的哲人在谈人生问题时,观点大同小异。如果你想快乐,就必须变被动为主动;不能做到这一点,什么快乐都是假的。即便

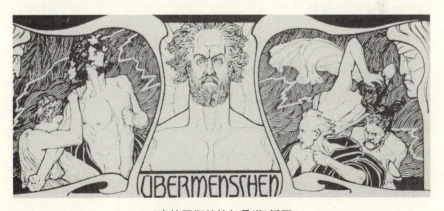

《查拉图斯特拉如是说》插图

给你高官厚禄、富贵荣华，你照样不会快乐。假如一个人很有钱，每天早上起来看到的都是钱，那有什么意思呢？有些人有钱之后冒出一句话："我现在穷得只剩下钱了。"很多人听了都羡慕，有钱真好。不一定！有钱之后就会发现，重复而乏味，钱就是让你拼命吃喝玩乐，到最后，身体也毁了。有钱能交到真朋友吗？也不一定。我们常常说，患难见真情。

颜回这么穷困的一个人，他为什么快乐？就因为他彻底领悟了儒家思想的精华，并加以实践。所以，孔子对他的评价极高。有一次，孔子说，有人用我们，我们就好好工作；没有人用我们，我们就隐居起来，这只有我和颜回做得到。你看，孔子把颜回提到和自己一样的高度。这说明颜回确实不简单。那么，颜回为什么能够达到孔子的高度？因为他穷困的时候快乐，通达的时候也快乐——他知道，快乐不在于穷困或通达，而在于道，也就是安贫乐道。道是儒家的理想，就是用真诚引发力量，由内而发，让人去做该做的事。所以，天下怎么乱，是天下的事情；我的快乐，自己可以把握。这是儒家最重要的思想，并在颜回身上得到充分的体现。

事实上，孔子有时候还觉得自己不一定比得上颜回。前面提到，孔子问子贡："你跟颜回相比，谁更出色?"子贡说："我怎么能跟颜回比呢？颜回闻一知十，我闻一知二。"孔子竟然接着说："你确实比不上颜回，我跟你都比不上颜回。"这个地方的翻译很关键。原文是："子曰：'弗如也，吾与女弗如也。'""与"有两个意思：一是称赞，比如，孔子称赞另外一位学生曾点说，"吾与点也"，意思是我欣赏曾点的志向；另外一个意思是和。如果采用第一种解释，那就是说，你比不上他，我认为你确实比不上他。这样理解的话，恐怕对子贡打击太大了，子贡退学算了。所以，当子贡承认，我只能闻一知二，比颜回差很远的时候，孔子说，你确实比不上他，我和你都比不上他啊。这才是老师应该采取的态度。作为老师，对学生一方面要批评，指出问题所在，另一方面也要鼓励，督促其上进。

大家都知道，道家很喜欢讲忘记。比如，问你在学道家吗？你答说，我忘记了，这说明你学得好；如果你回答，正在学，那就错了，说明程度还很低。道家尤其强调坐忘，就是坐在那儿，忘记自己是谁。《庄子》里有一段故事说，当颜回修身达到坐忘的时候，孔子吓了一跳。这暗示，颜回的境界比孔子还高。庄子好几次把颜回的修养提得比孔子还高，他是有意这样做的，因为孔子自己说过，颜回确实聪明，况且，"弟子不必不如师，师不必贤于弟子，闻道有先后，术业有专攻"而已。作为老师的孔子，为什么这么伟大？学生为什么对他心悦诚服？因为这个老师不会泰山压顶，以势压人——我当老师，你们学生完了，一辈子都得做我的奴隶，一定要听我的话——没那回事。一位好老师，一定要教出超过自己的学生，才能使自己的学问传承、发展下去。

为什么孔子晚年听到颜回过世非常伤心？因为他本来希望颜回可以传承他的道统，但是颜回身体不好，竟然先去世了。当年，孔子周游列国的时候，曾几次遇险。一次经过匡城，孔子师徒被当地人误认为阳货，而被困数日。匡城老百姓曾被鲁国的阳货镇压过，因而念念不忘报仇。为孔子驾车的学生就是当年给阳货驾车的人，于是，匡城百姓误会了，把孔子师徒包围起来，差点儿出了人命。但是，面对危险，孔子却说："天之未丧斯文也，匡人其如予何？"上天不使文化断绝

孔子被匡人误认为阳货，受困数日

的话，匡人又能把我怎么样?! 这反映了孔子坚定的信念。

不过，故事并没有完。孔子在匡地遇险时，颜回不在场。第二天，颜回才追了上来。孔子看到颜回非常高兴，说:"颜回，昨天没看到你，我以为你死掉了。"颜回答道:"老师，您还活着，我怎么敢死呢?"要死的话，您先去! 大家一听就知道，老师跟学生这么讲话，真是情同父子啊。

但很可惜，颜回没有遵守诺言，他比孔子早两年过世了。可以想见，孔子非常伤心，"子哭之恸"。孔子平常举止温和得体，但在颜回死后却说出了"噫! 天丧予! 天丧予"的重话。上天放弃我了，上天不管我了! 为什么? 颜回死了! 事实上，孔子的儿子比颜回还早一年过世，他都没有那么伤心。后来，学生们劝道:"老师，你不是教我们喜怒哀乐都要适当吗? 您是不是过度伤心了?"孔子说:"我哭得太伤心了吗? 如果不为这样的学生，那还要为谁过度伤心呢?"由此可以看出，孔子确实动了感情。

后来，学生们要厚葬颜回。因为颜回是同学们的榜样，但家里特别穷，地位低，按礼不能厚葬。古代很讲究礼制，不同身份的人，衣食住行、婚丧嫁娶各有不同的规格，一定要遵守。如果不遵守，社会不就乱套了吗？随便什么人都做身龙袍穿，那就麻烦了。颜回只是一名士，没有做过官，所以，他只能用简单的、士的葬礼。但同学们接受不了，德行如此卓越的人，一定要厚葬他。孔子无奈地叹息说："颜回啊，你把我当做父亲，我却不能把你当做儿子。"因为我没有办法按照你的身份给你筹办葬礼，你不要怪我，要怪就怪你那几位同学吧。孔子在生命的最后时刻，仍然希望学生们遵守礼仪，否则怎么维持社会秩序？怎么保持和谐的人际关系？

孔子这样的老师，能够教导颜回这样的学生，也是一种机缘。在人类历史的早期，文化能够发展，社会能够进步，就是靠老师这样教学生，代代相传，而不是父子相传。父亲很有钱，传给自己的孩子，而且通常富不过三代，并没有造福天下人。真正儒家的理想是要让人才为天下人服务。我培养好学生，他将来能够教育出更多好学生，天下人就能享受其福祉，百姓就能够安居乐业。这是儒家的理想，既有入世的情怀，又有淑世的热情。

颜回短命而死，令人非常遗憾。但是，他的思想并没有失传，后世还是有人了解他。这就是孟子，他被后代尊为儒家的"亚圣"不是没有理由的。照理说，亚圣应该是得到孔子亲传的孔门弟子，可惜颜回、子路比孔子早去世，其他学生又分为八派，各走各的路，各吹各的号，最后都没有什么大的发展。直到一百多年后的战国中期，孟子出现了。

像子孟

孟子像

孟子曾论及颜回,其中有两段话特别值得我们参考。第一段我们都很熟悉:颜回说,舜是什么样的人?我是什么样的人?"有为者亦若是。"有所作为的人就要向舜学习——这是颜回的话,《论语》中没有收录,但《孟子》记载了。颜回为什么伟大?因为他不但向孔子学习,还直接向舜学习。那还得了!

在第二段话中,孟子居然拿颜回与大禹相比。古代有两位重要的人物,一个是治理洪水的大禹,他使老百姓免遭水患;另一个叫后稷,教老百姓种植五谷杂粮,使老百姓有饭吃。直到现在,我们还说:"人饥己饥,人溺己溺。"前者讲的是后稷,教老百姓种田;后者讲的是大禹,治理洪水。孟子说禹、稷与颜回,"异地则皆然"。他对颜回的评价太高了,认为颜回与上古的圣人禹、稷只是换了个地方、换个身份,究其实质,做的事情都一样。颜回身在乱世,身体又不好,只活了四十岁。如果生逢其时,他就会像大禹一样,治理洪水;就会像后稷一样,教老百姓种植五谷。

表面上看,颜回一生似乎没有任何成就,既没有做过官,也没有出钱造桥铺路,终其一生给人留下的印象只是一个认真上进的学生,然而,后代学者却给他这么高的评价,为什么?关键就在于他快乐。所以,我们学习儒家,如果不能理解快乐之道,那就白学了。

古今中外的任何哲学,只要是好哲学,大家学习之后都会得到快乐,但并不仅仅只有快乐。在古希腊时代,西方人就提出享乐主义,每天吃饱喝足,就希望自己快乐。不过,他们的快乐很单纯,就是温和地节制欲望。比如说,吃饭很快乐;但吃多了,肚子痛就不快乐了。所以,要节制欲望,任何事情过头了都不好,过犹不及。这种学说很浅显,而儒家的快乐却非常深刻,因为它与人性结合在一起,从内引发力量行善,由内肯定自己的快乐。

在两千多年后的今天,只要提起颜回,大家就会想到他的快乐。穷困没什么,有钱就一定快乐吗?我并不是说,有钱一定不快乐。有钱也可以快乐,只要掌握了儒家的思想,做到富而好礼就能快乐。也就是说,有钱之后,不要趾高气扬,而应当遵守礼仪,多做善事。有钱人唯一让人羡慕的应该是什么?那就是,他可以有更多机会行善。有钱人,坐名车、住大房子、吃珍馐美味,实际上并不值得羡慕,因为外在的生活享受,很容易让人觉得重复而乏味。生命如果只关注感官的需求,很快就会感觉弹性疲乏,刺激递减。

那么,真正的快乐是什么呢?多年前,我偶然看到一张报纸上印着当时的世界首富比尔·盖茨的照片。他抱着他三岁的女儿,旁边写道:"当我抱着女儿的时候,我才感到真正的快乐。"我也有个女儿。我记得,她小时候,我抱着她,并不觉得快乐;只觉得,把她养大太不容易了。这表示我比不上比尔·盖茨吗?

钱是生活的必要条件，但钱多钱少是相对的，因为人再怎么穷困，只要能活下去，就够了。对人而言，最重要的是了解人生的意义和目的。人活在世界上，一定要明白为什么活着。也就是说，要弄清楚，活着是为了什么，而不是为什么而活。人可以为一个目标而牺牲吗？比如，"杀身成仁"、"舍生取义"。那你就要明白，为什么要这样做？儒家认为，人活着要从人性向善到择善固执，最后止于至善。善是人与人之间适当关系的实现，所以，从孝顺开始，从友爱兄弟姐妹开始，推及到天下人。

大家如果掌握了儒家思想，生命就有源有本，进而，再把个人的自我实现与整个社会的繁荣发展结合起来。个人不断地提升自己的能力，并慢慢促进社会的改善、发展。如果每个人都这样做的话，社会自然就和谐安定了。这就是儒家的核心思想。我们也知道，儒家的思想很好，但在实践的过程中会遇到各种困难，需要我们做充分的准备。

我们之所以介绍颜回，是因为无论贫穷，还是富裕，快乐是由自己决定的，每个人都可以得到自己的快乐。

第二讲 向子路学习率真

在孔门弟子中，个性最鲜明、最勇于负责的，大概就是子路。子路确实很特别，他年轻的时候是个勇敢的不良少年，喜欢和别人决斗或比武。

我们先从一个简单的故事说起吧。

子路和孔子是同乡，都是鲁国人。他比孔子小九岁，喜欢头上插着公鸡翎，身上披着野猪皮，带着一把长剑，在街上行侠仗义。有一天，孔子碰到他，就问："你为什么不来跟我学习呢？"看来，孔子有时也需要自己招生。没想到，子路答说：何必学习？南山有竹，生下来就挺直坚韧，砍下来做箭，可以射穿犀牛皮。可见，子路很自负，觉得自己

子路像

就像南山的竹子一样，是不需要任何加工磨砺的天才。碰到这样的学生，孔子自有办法。他说："如果你把竹子削尖，装上箭头，后面插上羽毛，它不是威力更大吗？"子路恍然大悟，马上拜师。

不过，收了子路这样的学生，孔子有时候也很烦恼。因为孔子的教学内容包括了礼、乐、射、御、书、数六艺。子路一上音乐课恐怕就糟糕了，琴、瑟很可能会被他粗手粗脚地搞坏了。他一弹瑟，孔子就皱眉头：我怎么收了这么个学生？但也有一个好处，自从收了子路之后，没人再敢公开批评孔子了，因为大家惹不起子路。

在《论语》中，孔子至少三次说过"只有子路可以做到啊"。第一次，他说："片言可以折狱者，其由也与？"根据一面之词，就可以查出实情、判决案件的，大概就是子路吧！通常审理案件，要听原告、被告两方陈述之后才能决断。但子路不一样，他根据一面之词就知道谁对谁错。这并非因为他莽撞，而是因为他非常刚正，大概不用化装就像后代的包公一样，所以，别人看到他都不敢说假话。比如，现在有个法官坐在那边，很严肃、很刚正，名声非常好，打官司的双方就不敢说假话了。有人把"片言"解释为三言两语，这是不对的。因为三言两语审判案件，并不是难事。法官少说话，就是"片言可以折狱"吗？没那么简单。片言折狱与子路的个性有关。他特别果决。"果"的意思是果决、果断，能够下决断。所以，孔子认为，子路做官不是问题。

第二次，孔子说，穿上破旧的棉袍，与穿着名牌皮草的人站在一起，却丝毫不觉得自卑的，就是子路！这真不简单。一般人很在意衣装，站在穿名牌的人旁边，会觉得自己很寒酸。我大学毕业不久，就体验了这种滋味。当时，我和另一个同学一起去参加婚礼。他穿了一套名牌西装,而我穿的是"弯腰牌"的——就是在地摊上弯腰淘来的,以致上衣与长裤的颜色不同。我就觉得有点自卑。这时候,我就想到了子路。为什么子路毫不在乎别人穿什么呢?因为子路的志向是"愿车马衣裘,与朋友共敝之而无憾"。车子、马匹、衣服、棉袍,都与朋友分享,用坏了都没有遗憾。所以,孔子称赞他说:一个人能像子路一样,不嫉妒,也不贪求,怎么会不好呢?

子路确实很可爱。他听到孔子用《诗经》里的一句话"不忮不求,何用不臧"称赞他,就每天反复诵读这八个字。孔子就说了:"光这样不行,还得继续努力。""不忮不求",就是不嫉妒、不贪求。这就有点消极了,还应该积极主动地去做事,达到更高的要求。教育的原则就是,把消极变积极,把被动变主动。

第三次就更重要了。因为理想不能实现,孔子有时候也很伤感,抱怨说:"道不行,乘桴浮于海。"如果理想不能实现,那我干脆坐一只木筏到海外去算了,跟随我的就是子路吧!这可不得了!三千弟子,哪一个不希望被老师选中做保镖随侍左右?可孔子却单单选择了子路。大概是因为子路武功特别好,而且年纪与孔子比较接近,易于沟通。孔子讲完之后,子路高兴得不得了,喜形于色。孔子一看,只得跟他说:"子路,你比我更爱好勇敢,但是我们根本找不到适用的木材啊。"言外之意是,我刚才只是发发感慨,你千万不要当真——孔子真怕子路四处去找船。

由此可知,子路非常率真,敢说敢做。在孔门弟子中,敢跟孔子摆脸色,敢跟孔子吵架的,只有一个,那就是子路。所以,一般人读《论语》,对子路的印象都特别深。下面,我们就讲几个这样的例子。

最有名的当然是"子见南子"的故事了。卫国卫灵公的夫人南子是个美女，但太过风流，名声不好，可毕竟是国君夫人。孔子来到卫国的时候，南子亲自下请帖，说你是国际著名的学者，既然到了卫国，希望我们能见面谈一谈。子路坚决反对，说那个女人名声不好，你最好别去，省得被利用。堂堂学者，何必跟她扯上关系呢？但孔子说，不行，非去不可，既然国君夫人按礼数来请我，不去有违礼制。

于是，就有了"子见南子"。历史上，这段故事被极尽渲染，其实根本没那么复杂。因为南子知道，孔子是一个严肃而知名的学者，就检点行事，隔着一道帘幕与孔子谈话。所以，孔子根本没有看到南子的模样，只听到南子周身的环佩叮咚作响。但交谈完毕，孔子还是被利用了。

南子请孔子坐在她后面的车子上，跟着她穿过市区，让大家知道，国际上知名的学者孔子支都持我，就坐在我后面的那辆车里。孔子回

卫灵公与南子同车而行，让孔子坐在后面的车上

去之后，子路生气了，责怪孔子说，你果然被利用了！孔子只好对天发誓——他只发过这一次誓——如果我做的事情有错，就让上天来厌弃我吧。可见，子路这个学生会促使孔子反省，自己做的事情究竟对不对。这么一个学生，如同诤友，随时从他的角度提出意见。

还有一次，鲁国发生内乱，已然四分，但还未五裂。四分是说，当时鲁国有三家大夫与国君一起掌握大权，一共是四家。不过，三家大夫的势力比国君还大，而且他们各自还有家臣，关系非常复杂。其中一家大夫手下有人叛变，请孔子去帮忙。孔子想去，子路反对："老师啊，没有地方去也就算了，公山氏是叛臣，你怎么能去呢？"孔子很自信地说："如果有人任用我，我难道只想维持东周这种衰弱的局势吗？"孔子希望借机整顿鲁国，并进而平治天下。可子路依然反对，最后，孔子没有去成，因为情况太复杂了，一旦卷入，很难脱身。

另一个国家发生内乱时，叛臣也请孔子去帮忙，孔子又想去，因为他渴望有机会替百姓出头办事。子路同样反对："老师，你不是告诉我们'自己动手公然行恶的人那里，君子是不会前去的'吗？现在您却想去帮助叛臣，该怎么说呢？"孔子辩解说："我是说过这样的话。但是，我们不是也说：真正坚硬的东西，是怎么磨也磨不薄的。我们不是也说：真正的洁白的东西，是怎么染也染不黑的。"孔子很自信：我既坚硬又洁白，外界环境无论如何也无法把我变薄，也无法把我变黑，这就是"出淤泥而不染"。但是，子路还是反对。他认为，孔子这样做会引起别人的误会，实在没有必要。

孔子在周游列国的时候，曾几次遇险。提起这段故事，很多人或许会联想到"丧家狗"三个字，其实这个词也跟子路有关。那时，很多地方正在打仗,孔子好几次被围困,危险重重。在陈国的时候,曾经断粮,弟子们也纷纷病倒,起不来了。子路很生气:"老师,君子也会这么穷困,走投无路吗?"你既然是一个君子,那么有名,别人居然照样辱骂你,甚至打算杀掉你! 孔子回答说:"君子固穷,小人穷斯滥矣。"君子走投无路的时候,仍然坚持原则;而小人遭遇困窘就放弃原则,无所不为了。他借此提醒子路:无论遇到什么情况,都要坚持君子的原则。

孔子被围于陈、蔡,但仍然坦然自若地给学生讲课,弦歌不衰

　　虽然在《论语》中,子路多次质疑老师,但孔子知道,子路忠心耿耿,是为老师好,所以从来没有怪他。孔子真正责怪子路的地方是子路喜欢做官。古代读书人的出路就是做官。我有知识,有能力,就能替百姓服务,况且,那时候也没有大学可以让我教书,所以只有想办法做官。

　　孔子带着学生来到卫国的时候,正赶上内乱。这次内乱也与南子有关。卫灵公的太子蒯聩与南子不和。蒯聩不是南子的亲生儿子,于是就想杀掉南子,结果导致内乱。动荡之中,蒯聩逃亡到国外,卫灵公也死了,国君之位传给了蒯聩的儿子,也就是卫灵公的孙子。蒯聩心中不服,父子二人各自召集军队,争夺君位。子路就在这时候做官了,结果,为了尽忠职守,死在内乱之中。子路这个人有其勇敢的一面,坚持道义,不畏死亡,但有时候过于鲁莽冲动。

这样一个人,其生命的最大特色就是率真。孔子对这一点也很肯定。有一次,孔子和颜回、子路在一起。孔子说:"你们谈谈各自的志向吧。"子路立刻说:"我希望做到:把自己的车子、马匹、衣服、棉袍跟朋友一起用,用坏了也不遗憾。"他对友情的重视远远超过财物价值。这正是儒家的基本精神,也就是,绝对把人的价值放在物质之上。而我到现在,还没有见过一个子路这样的人,只见过半个子路。为什么这么说呢? 你向朋友借车,他借给你了,可你弄坏了,他心里会疙疙瘩瘩不痛快。这就是半个子路。真正的子路,即便你把他的车开坏了,他也会说,没关系,我也一样会弄坏的。子路的行为集中体现了儒家教育的独到之处。

子路唯一一次受到孔子批评是在卫国,这其中还有一段故事。子路到了卫国,请教孔子:"如果卫国国君请你来出主意治理国政,你首先要做什么事呢?"孔子说:"必也正名乎!"正名就是纠正君君臣臣、父父子子的名分,使之各归其位。当时卫国的国君是卫出公,他的父亲蒯聩原为世子,却不得继位。到底谁应该是君,谁应该是臣呢? 卫国应该先确定君臣父子各自的位置。可没想到子路居然说:"老师,你太迂腐了。有什么好纠正的呢? 何必还管什么名分呢?"于是,孔子批评子路:"野哉,由也!"你真是鲁莽啊!意思是,子路太粗野、太率真,以至于不懂得应该考虑得深刻一点,全面一点。

鲁国有三家大夫,孟孙、叔孙、季孙,其中以后者的权力最大。子路在做季氏家臣的时候,想让同学子羔去当费县县长。孔子说:"你这样做,害了这个年轻人。"子羔还没有准备好,他很年轻,各方面的表现还不够理想,你不要让他立刻去做官。可子路却说:"那有什么关系呢?有百姓与各级官员,也有土地与五谷,为什么一定要读书才算是求学呢?"子路的意思是,做官很简单,何必读书?结果,孔子训斥他说:"这就是我讨厌能言善辩者的缘故。"子路其实不太会说话,但在这里,孔子说,我最讨厌能言善辩者,等于是在批评子路诡辩。在儒家看来,做官一定要先做准备,知识、德行、能力,三者缺一不可。由此看来,子路和孔子的互动特别密切,特别频繁。

后来,孔子生病时表现最积极的也是子路。关于此事有两段记载。第一段说:"子疾病,子路请祷。子曰:'有诸?'"孔子病得很严重,子路请示说:"老师,我们来祷告吧。"孔子说:"有这样的事吗?"子路说:"有啊,《诔》文上说:'为你向天神地祇祷告。'"诔是为生者求福的文章。古人将神明分为天神、地祇、人鬼。天有神,地有祇,人死则为鬼。子路的意思是,我要为你向天上和地下的神明祷告。没想到,孔子却说:"如果这样就算祷告的话,那么,我的祷告一直都在进行着啊。"孔子有高尚的宗教情操,所以他觉得子路这种目的性、功利性的祷告是无用的——你平常不好好表现,不够虔诚,临时抱佛脚是没有用的。于是,孔子婉拒了他的好意。

后来,孔子又病得很厉害,子路就安排同学们组织了个治丧委员会。我们知道，在古代，不是随便什么人都可以在死后得到组织治丧委员会的待遇的，一定是卿大夫身份的人才能做。所以，孔子病情缓解后，看到学生们穿着特制的衣服忙进忙出，就问："怎么回事啊？"学生们说："是子路吩咐我们这样做的。"因为子路是学长，而且又有点凶，所以大家都听他的。孔子叹息说："吾谁欺？欺天乎！"我要欺骗谁呢？骗天吗？明明没有这么高的身份地位，却要摆这个排场，这是骗人。我不要这样所谓的门面，只要符合自己的身份就行了。其实，这反映了子路对老师的崇拜。他总觉得老师那么伟大，真要是生病过世的话，必须好好办一场世纪丧礼。这是子路的良苦用心。但孔子不领情，孔子认为，一切都要合乎礼仪的要求，不能够违背礼仪，否则社会就没有规矩，彻底乱套了。可见，子路的率真有时在行为上会表现得过于冲动。

　　子路有时提的问题也很有意思，令后代一直争论不休。为什么？问题是好问题，但不是他该问的。"季路问事鬼神。"子路有一次问老师说："老师，我应该怎么跟鬼神来往，怎么服侍鬼神呢？"孔子说："未能事人，焉能事鬼？"你还不能跟人好好相处，怎么可能跟鬼神相处呢？子路属于行动派，不太喜欢做深入思考，不喜欢音乐，不喜欢艺术，不喜欢哲学，不喜欢文学，而他关于与鬼神交往的提问，属于宗教学范畴，很深刻。孔子恐怕是觉得一时半会儿跟他讲不清楚，故而才这么简短截说。

　　然后，子路又问："请问老师，什么是死亡？"这个问题太深刻了。死亡这个问题，每一个人都会碰到，谁不想弄明白？但谁又能说得清楚呢？死亡并非经验界的事实，死亡一旦出现，经验就结束。所以说，

向孔门弟子借智慧

从来没有一个人死后再跑回来说："我跟你们说，死亡是怎么怎么回事……"没想到，孔子答道："未知生，焉知死？"你还不了解什么叫做生，又怎能了解什么叫做死呢？意思就是说，人活着的时候按部就班地做人处事，死是自然的结果，你何必担心呢？不管死后怎么样，你现在活着，就要好好做人。孔子是希望子路先明白如何与人相处，如何好好珍惜这一生，而不是总想着死亡之后的事情。

好，问题来了，很多人就以这段对话为根据批评孔子，说孔子不了解死亡。这实在很冤枉，孔子怎么会不了解死亡呢？哲学家没有不了解死亡的——当然，我指的是真正伟大的哲学家。如果仔细研究，我们不难发现，《论语》里生命的"生"字出现了十六次。当然，你可以说《论语》的每一句话都谈论活着的事情——这一点，我同意。而死亡的"死"字却出现了三十八次，你没算过吧？这说明，孔子当然了解死亡！如果一个人不了解死亡，怎么可能去说什么"朝闻道，夕死可矣"，怎么可能说"无求生以害仁，有杀身以成仁"呢？可见，孔子对死亡很了解，他觉得死亡没什么好怕的。

西方哲学家谈死亡最简单、最清楚、最深刻的是谁？是苏格拉底。我简单介绍一下他的观点。苏格拉底晚年蒙冤被判死刑，很多人都希望他越狱。这对官方也是一种解脱——不用去杀这个七十多岁的老人了——因为即便不执行死刑，他也活不了几年了，何必让雅典人背负杀害苏格拉底的罪名呢？然而，苏格拉底在监狱里面待了一个月，就是不逃狱。学生们全都准备好了，但他就是不逃。学生每天来看他，都很难过："老师，难道你不怕死吗？三十天，一天一天数着就少下去了。"苏格拉底的想法是："死亡没什么好怕的。死亡只有两种情况：

第一种，死亡是一种无梦的安眠。平常我们睡觉时最怕做梦，尤其是做噩梦，而死亡就是睡觉不做梦，这太好了；第二种，人死之后，摆脱了身体的束缚，就可以自由自在，去你想去的地方，去见你想见的人。"所以，苏格拉底认为，人死后反而解脱了。如果把身体当做监狱，把灵魂当做本体、自我的话，身体消解了，代表你

苏格拉底像

离开了监狱，可以自由飞翔，去见想见的人，去干想干的事。因而，苏格拉底对死亡毫不畏惧——没有必要害怕死亡，死亡是自然的事情，有生就有死。

下面，我们来对照观察儒家对于死亡的看法。儒家认为：第一，死亡是生命自然的结果，有生、有老、有病、有死，所以不要有特别的情绪反应；第二，死亡本身不是结束，它代表一种目的，是人一生的总结。如果你不把它当做总结，怎么能说杀身成仁呢？成，就是完成的成。孟子后来说，舍生取义。取，取得的取。一般人以为，死亡是牺牲，死亡是放弃，死亡是损失，但对于儒家来说，死亡是生命中最后一道检验，检验一生过得有没有价值，有没有达到什么目的。如果你了解并掌握了这两点看法，人生就非常阳光了。如果你对死亡都如此豁达，

生命还有什么好担心的？好好珍惜这一生，去把握它吧！

我们现在分析子路提出的问题，不要就事论事，应该延伸出来，去发挥孔子的思想。子路确实有些独特的看法。比如，他认为，管仲有问题。在《论语》里面，孔子特别提到，有六个人合乎行仁的要求。这是很高的评价。六人中，微子、箕子、比干都是遭到商纣王迫害，有的被迫流亡，有的被迫装疯，有的被剖心；随后就是伯夷、叔齐；第六个就是管仲。这种看法值得我们特别研究。其实，管仲的私德并不好。孔子也承认，他的私德很有问题，铺张浪费、摆排场等等，但是，管仲做了一件大好事。他帮助齐桓公用外交手段避免战争，让春秋初期一百多年间各诸侯国和平相处。这不得了！因为战争会殃及很多无辜百姓，避免战争的贡献非常大，所以孔子特别推崇管仲。这也是我们常常提到儒家思想的闪光点——人性向善，善是人与人之间适当关系的实现。管仲以齐国宰相的身份，恩及天下百姓，其功劳远远超过他身份所应承担的职责。孔子特别称赞管仲，就是这个原因。否则，你一定要讲一个人私德好不好，一个人具体的生活表现如何，那有谁是完美的呢？他过什么日子，有他自己的条件，但重要的是，他如何在自己的岗位上完成职责，甚至超过岗位要求造福天下人——这才是孔子要肯定的。

但孔子的学生们并不完全理解这一点，他们往往从自己的角度看问题。比如说，子路很讲义气，他就认为管仲不义。当时齐国发生内乱，齐襄公被杀，两个王子流亡国外，先回国的可以当国君，另一个大概难逃一死。这是很可怕的零和游戏啊。管仲和他的好朋友鲍叔牙考虑，根据理性投资的原则，鸡蛋不能放在同一个篮子里，于是两个人

管仲像

各保一家。结果，管仲选错了；鲍叔牙选对了，他追随的公子小白，就是日后的齐桓公。还好，齐桓公不计前嫌，采纳了鲍叔牙的建议，让管仲当了宰相。子路为什么批评管仲呢？因为管仲拥戴的王子失败了，别人都自杀了，他却投降到对手公子小白那边，太不讲义气了！其实子路不明白，不能说因为站错了队，领袖输了我就必须牺牲。不是的，齐国毕竟是一个国家，跟对跟错都是国家的公民，不管怎么竞争，人才都要为国家所用，这才是儒家的思想精髓。没有这个胸怀，你讲的就是小信小义。所以孔子后来反问说，难道你希望管仲像那些老百姓一样，为了坚守小信在山沟里自杀，死了之后还没有人知道吗？

孔子的思想确实伟大，因为他能够权衡轻重，懂得变通。你讲道义没错，但要看讲的是什么道义。后来孟子的发挥更出色。他明确说："大人者，言不必信，行不必果，唯义所在。"德行完备的人，说话不一定守信，做事不一定果断，一切都以道义作为依归。这是什么意思呢？我们举个例子吧。假设有个朋友，他知道我有一把猎枪，于是说：

"下个月把猎枪借给我吧。""没有问题,猎枪借你打猎,当然可以!"但就在这一个月之内,他得了抑郁症,而且有自杀倾向。到了约定的时间,他跑来跟我说:"你上个月答应借我猎枪,今天可以借我吗?"我权衡利弊跟他说:"猎枪被偷了,我不能守信借给你了。"因为我如果遵守诺言,恐怕他会拿猎枪去自杀。

处理问题时,我们需要根据变化,随时重新进行判断。不能说我答应你,就一定要做到。你最后拿猎枪自杀是你自己的事情,我遵守我的诺言,你去死吧。这不行。这就是儒家谈到的:要随时保持高度的警觉,随时使用智慧来捕捉每一次细微的变化,并因时制宜做出正确的变通之举。学习儒家绝不是说一旦抱定一个原则,就死而后已。没这么简单。你有原则,但还要懂得变通。如果只有原则,不能变通,则寸步难行。但所谓变通,绝不是让你随意改变自己的想法和做法,不能说:"不要怪我,孔子教我不守信用。"不守信用,要有合理的、充分的理由,让别人知道你变化的依据是什么,道义在哪里。"义"就是正当性,但它会随情况变化而改变。义者,宜也。宜,就是适宜。同一件事,对张三做,可以;对李四做,不一定合适。因为对象不一样,情况不一样了。所以,对朋友要守信,要讲道义,但还应该随时就变化的情况作出判断。

这一点对于子路来说,是很大的挑战,他到最后也没有学会。子路在卫国做官时,忠于国君。结果蒯聩带兵打回来,国内一片混战。当时在卫国任职的两个孔门弟子,一个逃回鲁国,向孔子报告;另一个就是不肯逃走的子路。他说:"我拿别人的薪水,就要替别人做事。"他拿起武器,一个人打好几个,最后被杀了。临死前,他发现帽带子断了,还要挣扎着把它绑好才咽气,"结缨而死"。这就是儒家的君子风度。子路过世时,孔子七十二岁。孔子晚年很不幸,白发人送黑发人,儿子和他最喜欢的两个学生颜回、子路,都相继过世了。

儒家思想到底好不好呢? 庄子后来批评孔子的时候,就以子路为例。庄子说,如果子路不是孔子的学生,不接受孔子的说教,说不定到现在还活得好好的。庄子的批评对不对呢? 细想起来,也有一定道理。但是怎么能怪孔子呢? 子路个性率真,到任何地方都是行动派。他没有耐心去慢慢研究,而是喜欢立刻付诸行动。所以,每次孔子叫学生们谈志向时,他都第一个发言,因为他不但年纪最大,而且敢说话。下面我们就举另外一个例子谈谈志向。

孔子实在可爱。他常常叫学生们谈论志向。我当老师也有三十年了,却不太敢叫学生谈志向。有一次,我曾做了个试验,请各位同学谈谈志向。有个学生经过我再三请求,终于站起来说:"我的志向就是赚钱。"我听了之后很尴尬,只好进一步启发说:"赚钱不能算志向,赚钱之后要做什么,那才是志向。钱本身只是工具,是一个条件而已。"

还是说孔子吧。他叫四个学生谈志向,子路第一个发言说:"一个拥有一千辆兵车的国家,夹在几个大国之间,外有军队进犯,国内又有饥荒,如果让我掌管,只要三年,一定可以让老百姓变得勇敢,并且明白道理。"孔子听了,微微一笑。后来,曾参的爸爸曾点请教孔子:"老师,子路讲完他的志向,你为什么笑了一下?"孔子说:"治理国家要靠礼,但他说话却一点也不谦虚,所以我笑他。"可见子路心直口快。后来,他真的有机会做官,其实也做得不错。

子路和冉求两人属于政事科。子路后来在鲁国做官,至少没得到负面评价;而冉求就受到很多批评。孔子说过一句话:"鸣鼓而攻之。"攻谁? 敲着锣,打着鼓,批评的就是冉求,而非子路——尽管他们都是季氏的家臣。那么,子路做官到底怎么样? 古代官场,上层人物不表态,或者不赞成,你一点办法都没有,所以子路做官很辛苦,也很委屈,但他一直尽职尽责,以至于别人问:"子路可以称得上是大臣吗?"孔子说:"只能算具臣。"具臣意思是称职的臣子。孔子心中真正的大臣是什么呢? 八个字:"以道事君,不可则止。"我要用正道来服侍国君,行不通就辞职。因为一个国家要走上正轨,做大臣的必须要有原则。国君好不好,是他自己的事情,但做大臣的一定要上传下达,让整个社会往正路发展;如果做不到,就不要勉强,我不愿意给你背书,我也不愿意被国君利用满足其个人的私欲。这一点子路做不到,但他能够尽忠职守。

可惜子路的思想没能传下来,事实上,他也并非以思想见长。然而,他的人格特质却让很多人怀念他。他非常豪爽,对朋友肩担道义,对老师孔子的感情特别深厚。所以,如果我们向子路学习率真,还不能忘记勇敢和正义。率真有时候是一种心态,与它始终并行的就是勇敢。虽然孔子告诉子路,人生还有更高的层次,做人不能只看具体表现,还要看到与别人的互动,即人际关系,但这方面的内容比较深刻,对于子路来说有困难。

在《论语》里面,子路占的篇幅不少,他提出过很多问题,包括如何从政。对此,孔子的回答是:"先之劳之。"即,要带头做事,身先士卒才能上行下效。你当官,面对部下,要身体力行先做,并且让部下愿意替老百姓服务。子路接着问:"老师能不能多讲一点?"做官很复杂,只告诉我四个字,我怎么学呢? 孔子于是又说了两个字"无倦",就是不要倦怠——着眼于是否有恒心。只要有恒心,坚持不懈,事情的效果就会显现。通常,一个率真、勇敢、直爽的人,相对而言比较没有耐心,往往希望立竿见影。比如,今天发布一项政策,希望立刻就产生良好的效果,马上就达到某个目的。事实上,这根本不可能。所以,孔子经常教导学生,不要倦怠,要持之以恒。活在世界上要甘于平常、平淡、平凡的生活。如果每天都有高潮迭起的事情发生,恐怕谁都难以承受。平凡、平淡、平常,那里面才是人生真正的内涵所在。西方有一句谚语,没有新闻就是好新闻——"No news is good news",也是这个意思。而子路的个性却比较喜欢高潮迭起的生活。

那么,孟子怎么评价子路呢? 作为后代的学者,时空距离反而使孟子可以看得比较透彻。他谈到子路时说:"子路,人告之以有过则喜。"子路听到别人告诉他有过失就很高兴。这实在太难做到了。一般人听到别人讲自己有什么过失,首先就是否认,我没那个过错;其次就是辩护,不能怪我,是别人害的,别人乱说的。而子路不然,他听到别人说他有什么过错,非常高兴。为什么? 他可以加以改正。《论语》里有类似的记载:"子路有闻,未之能行,惟恐有闻。"子路每次听到老师讲做人处事的道理,如果还没有做到,就很害怕又听到老师讲新的道理。比如,老师今天说,应该孝顺。而他如果没有做到,就不太愿意再听到别的话。因为前面的还没有做完,又叫我再听后面的,到时候做不完怎么办?

孟子讲完子路闻过则喜之后,又提到一个人。谁? 禹。"禹,闻善言则拜。"大禹听到有价值的话,就立刻向人拜谢。比如,你给我讲一段话,很好，很有帮助，很有意义，那么我向你拜谢。最后讲到舜。"大舜有大焉，善与人同。"这是很高的评价。在孟子心目中，先讲子路如何，再说大禹如何，最后再说舜如何，把子路和禹、舜并列在一起。由此可见，孟子对于孔子的学生，对颜回、子路有如此高的评价，不是偶然的。

子路是一个正人君子，顶天立地的好汉。他说话算话；他刚直威武，片言折狱；他听到孔子说带他出国，就立刻要去找船。这样的个性表现，如果再沉潜一番，对音乐，对艺术，对文学、哲学、宗教，再深入了解些，当然更完美。但你不能求全责备，每个人都有他天生的性相。再回到开头的第一段故事，子路做了孔子的学生后，确实像是在南山的竹子前面装上箭头，后面插上羽毛。他的生命因为做孔子的学生而脱胎换骨，面目一新；否则，他不过是一个好勇斗狠，或者说好听一点，行侠仗义的年轻人。如此一路发展下去，到老的时候，他还能够行侠仗义吗？还能够好勇斗狠吗？当然不可能。可见，孔子对学生的教育确实有点石成金的效果，而且在子路身上体现得最明显。

我们向子路学习什么？学习率真。不要忘记，还有勇敢和道义。要以义为做事的准则。

同时，子路问过，什么是鬼神、什么是死亡，可惜他并没有再深入向孔子请教，更深刻地理解，但这并不妨碍我们顺着他的问题探索孔子的思想。

向孔子的学生借智慧——孔子的学生很多，每个人都不一样；同理，我们也是各有各的性格，各有各的人生取向。从孔子学生的表现中，我们可以找到自己学习的楷模，并尽量广泛地学习。然而，无论如何，子路都是孔门弟子中个性最鲜明，表现最突出的一个。

向子夏学习教书

子夏是卫国人,比孔子小了四十四岁。由此可见,他跟子游一样,是孔子周游列国时所收的学生。子夏有什么优点值得我们学习呢?我们要向他学习怎么教书。

很多人说,教书不是老师应该学的吗?事实上,人一生都是在不断地学习。"仕而优则学,学而优则仕"这句话就是子夏说的。他本身就是很好的学生,晚年时又是很好的老师。他曾教过一个国君,就是魏文侯。子夏是孔门弟子里面比较有成就的一位。

子夏的个性比较内向,有时会把他和子张来对照:子张是过,子夏就是不及。"过犹不及"说的就是他们两位。子游、子夏不仅并列为文

子夏像

学科的代表,二人还曾经数次在《论语》中联袂出场。他们一起向老师请教孝顺,但孔子的两个回答却大相径庭。我想,孔子一方面是因材施教,另一方面也是想从不同方面阐明孝的理念。当子游问孝时,孔子回答:"现在所谓的孝顺,是指能够奉养父母亲。但连狗和马都能够服侍人。如果没有尊敬,那跟狗、马有什么差别呢?"我之所以特别提及这一段,是因为很多人把它理解为:现在说的所谓孝顺就是能够服侍父母亲,但我们在家里也养狗和马,如果对父母不孝,那就跟养狗和马没有什么差别了。这样解释是不对的。哪里有人把奉养父母与养狗、养马并列呢?孔子为什么提到狗和马也能服侍人呢?因为在孔子的时代,它们对人类特别重要,狗可以看门,马可以拉车。它们是对人最有用的动物。直到现在,我们还有一个词"犬马之劳",反映了狗、马与人类的密切关系。所以,孔子的意思其实是,狗、马也能服侍人,替我拉车、替我看门。如果你不能尊敬父母,那跟狗和马对人的照顾、服务有什么区别?把做子女的比喻为狗和马,也比较合乎孔子的孝道观。

子夏也来了,"子夏问孝。子曰:'色难。'""色难"并不是好色最难的意思,而是说,保持脸色愉悦最难。接着,孔子继续说:"有事,弟子服其劳;有酒食,先生馔;曾是以为孝乎?"你以为有事时,年轻人代劳;有好吃的酒菜、食物时,让父母来吃,这就可以算是孝了吗?不是的,关键要保持脸色的愉悦。和父母相处,有时难免给父母脸色看,尤其是当父母年纪大了,生病时。俗话说:"久病无孝子。"常年面对老病的父母,子女难免会不耐烦:"哎呀,我没空啊!不要老叫我陪你去看病。"不要忘记,父母带年幼的子女看病,什么时候拖延过?什么时候抱怨过？那为什么子女对父母就会觉得不耐烦呢？这就是孔子对子夏的回答：保持脸色愉悦是最困难的，只有内心充盈深厚的情感，表情才会非常愉快。如果你爱一个人，对他做任何事情都会很开心；如果感情稍微少一点，就开始不耐烦了，这是人之常情。在孝的阐释中，对于子游，孔子强调尊敬；对于子夏，孔子强调关爱。

　　子夏读书非常好，所以有时同学们有问题，或听不懂老师讲的，都会来请教子夏。我们举两个例子。有一次，司马牛很忧愁地说："别人都有兄弟，只有我没有。"古人的子女通常比较多，兄弟姐妹有如手足，大家在一起热热闹闹。所以，司马牛一个人就觉得很失落。这时子夏来了，对司马牛说："我听到的说法是：'死生有命，富贵在天。君子敬而无失，与人恭而有礼。四海之内皆兄弟也。'"子夏所听到的，很可能就是孔子说过的话。"死生有命，富贵在天"，到现在还是儒家的基本态度。人死，人生，这是命；富和贵，不是你想要就有的，是天的安排，不能强求。不是说好人就一定升官发财，不一定。接下来谈的是君子应该做的事。敬，代表做事认真。尊敬是一种态度，这样做事，就不会有任何闪失。恭，代表庄重，对别人很有礼貌。这样的人，走到哪里都有兄弟。

　　这段话听起来铿锵有力，很能打动人，但是不要忘记，它的前提和基础是对人性的理解和认同——即，对人性向善的肯定。你在中国对别人好，别人也对你好；你到外国对别人好，别人也对你好。中国人、外国人都是人，人性都是向善的。如果你行善，别人就喜欢你，这是共同的人性；否则，我们很难说四海之内皆兄弟。只要你行善，只要你表现好，别人都会愿意和你做朋友，甚至亲密得像兄弟一样。所以，子夏说:"君子又何必担心没有兄弟呢?"到处都是兄弟姐妹啊。由此不难看出,子夏学习好,老师说的他都记住了,还可以帮助别的同学解惑。

另一次是子夏帮助樊迟。孔门弟子中有两个特例:一个是司马牛,另一个是樊迟。两人资质不是很好,也不很努力,所以有时

伊尹像

听不太懂孔子的教诲,也不敢再去问老师。有一次,樊迟请教孔子:"什么是仁?"孔子说:"爱人。""什么是智慧?""知人。"说完,孔子就下课了。樊迟不太明白,就去问子夏。子夏说:"老师的话说得真好。舜统治天下时,在众人中挑选,把皋陶提拔出来,好人出头,坏人就离开了。商汤统治天下时,在众人中挑选,把伊尹提拔出来,坏人就离开了。"所以,分辨好人坏人,并把好人提拔出来,天下自然步入正轨,这就是子夏的发挥。他从老师对樊迟的简单回答中做发挥,引申出相关道理。这说明子夏功课又好,见识也广,不然,即便发挥,有时也不见得能讲得那么深入浅出。

在整部《论语》里面,子夏有个非常露脸的地方——孔子很少称赞学生,一定是你有优异的表现我才表扬你,但孔子居然有一次公开说:"能够给我启发的,就是子夏啊。"对子夏来说,这是一辈子最大的荣幸啊! 这到底是怎么一回事呢? 子夏向老师请教《诗经》中的一句"巧笑倩兮,美目盼兮,素以为绚兮"是什么意思? 从字面上看,意思是,笑眜

眯的脸真好看,滴溜溜的眼真漂亮,穿上白色的衣服就已经很绚丽了。前面两句形容一个女孩子丽质天生,而第三句说穿上白色的衣服就已经很绚丽了。子夏有点不明白。

孔子回答了四个字:"绘事后素。"这四个字,后代很多人都理解错了,包括朱熹。朱熹是南宋人,宋朝人作画,通常是在白纸上画彩色的图画。朱熹根据自己的经验把孔子的四个字解释为,绘画的时候"后于素也",素就是白色,也就是先有白底儿,然后在上面作画,涂上各种色彩。错了!上古时,并不是在白纸上绘画。从汉墓,甚至更早的墓葬中出土的就是画在绢帛上的画。古代织布的原料直接取自自然界,几乎没有纯白的,受技术条件限制,绢帛很少有白色的,大都是咖啡色或黄色。因此,"绘事后素"是说,绘画的时候最后上白色——就是先把红、橙、黄、绿、蓝、紫都画上去,最后上白色——当时,白色是一种特别的颜料,上了白色之后,彩色就会愈加鲜艳夺目。没想到,讲完之后,子夏接了三个字,并得到孔子毫无保留的称赞。子夏说:"礼后乎?"那么,礼是不是后来才产生的?这句话意思很简单,就是礼的设计是不是为了适当表达人性原有的情意与感受?孔子吓了一跳:"能够给我启发的,就是子夏啊。从今以后,可以跟子夏讨论《诗经》了。"这应该是子夏一生最得意的时刻。

为什么子夏问"礼后乎"就得到孔子的称赞呢?因为一般人都以为礼是彩色的,而子夏认为礼是白色的。之所以说礼是彩色的,是认为人生下来是一张白纸,以后逐渐接受教育,就好像给他画上一些彩色。错了!礼是白色的,它并没有给人施加什么东西。人性向善,本来就拥有很美的品质;就如同"巧笑倩兮,美目盼兮",受教育掌握的礼，使人先天向善的优良品质充分显现出来。人有真诚的情感，并通过礼来适当地表达，这才是真美！这就是儒家的教育观点。

对《易经》有兴趣的人都知道，里面有一卦，叫做贲卦。贲这个字，一般念 bēn，虎贲一词指的是勇士；但在《易经》里念成 bì。贲卦讲的是真正的装饰品以白色为最美。换句话说，装饰不能靠外表，真正的装饰要由内而发，如果有内在的好品质，外表装饰越少反而越好。这是儒家的重要思想，也是中国古代重要的观念。如果内在的品质不够好，外表再怎么装饰，有什么用呢？装饰很容易会被人家揭穿。所以，儒家讲到真正的装饰，是由内而发的，白色就是最好的装饰，因为白色可以把其他颜色映衬得更绚烂。

孔子为什么如此称赞子夏呢？他对颜回都没有如此高的赞誉。可见，子夏在好学深思这一方面确实表现得非常出色。通过他与老师的往复对答，我们才知道，原来儒家的思想是如此重视人性，肯定人性向善。所以，我们应该感谢子夏。他后来也成为很优秀的老师。

子夏后来的发展相当顺利，他住在西河这个地方，给魏文侯当老师。当初韩、赵、魏三分晋国后，魏国一直传到战国时代。子夏给魏文侯当老师，待遇很好。但他很不幸，儿子比他先死了。儿子死后，子夏哭得很伤心，眼睛都哭瞎了，留下了"西河之泣"这个词来形容父亲白发人送黑发人的悲伤。曾参跟子夏是好朋友，跑来劝他："你这样不对。儿子死了，你哭得眼睛瞎了；可你父母死的时候，你眼睛都没有哭瞎。你这不是情感上不能保持中和吗？"子夏也痛快承认自己错了，这就是子夏。

子夏是一个好老师，教出了很多杰出的学生，但很多人都不是儒家弟子,像田子方、段干木,甚至吴起这样的名将,都曾经从子夏受业。那么,子夏到底有什么特点和魅力,能够吸引这么多优秀人才到门下呢?

《论语》中记载的子夏言论相当多。有一段话我们以前提过,就是他跟子游的辩论。子夏性格保守、内向,而子游胸襟比较开阔。子夏教学生洒扫、应对、进退,结果被子游批评说,这些只是末节,而没有教授根本的道理。这话传到子夏耳中,子夏替自己辩解说,只有圣人才能在教导时本末兼顾,一般人当然要循序渐进地从基本的礼仪做起。基本规矩没学好,就要学大道理,这就有点好高骛远了。子夏也有一定的道理。

子夏的言论在后世受到重视,产生很大的影响。朱熹曾著有《近思录》,而"近思"两个字就来自子夏。子夏说,"博学而笃志",并能够"切问而近思",就可以找到人生的正途了。再有,明末清初著名学者顾炎武著有《日知录》,书名也

来自子夏。子夏说:"日知其所亡,月无忘其所能,可谓好学也已矣。"他所谓的好学,是指坚持每天学到自己以前未知的,每个月再把已经学会的好好复习,掌握扎实,防止忘记。这些应该都是子夏自己的心得。

说到好学,我在美国读书

朱熹像

时，毕业前特地请教我的老师余英时先生。我问："老师，您那么博学，有什么秘诀？"余老师告诉我："有的。我从年轻的时候开始，每天晚上睡觉前都要问自己一个问题：今天又过去了，我有没有学到新的东西？如果有，睡觉；如果没有，就不睡，到书房随便找一本书，一定要翻一翻，找到一段过去不懂的东西，仔细读懂，然后才能踏实睡觉，数十年如一日。"余英时先生的学问就是每天读书，数十年如一日积累而得。而这也是子夏的建议：每天学一点过去不懂的东西，每个月再好好复习一下，巩固学过的东西，否则知道了又忘记，等于没学一样。我们都有这种经验，从书架上拿下一本书，明明以前写过眉批，做过笔记，划过线了，可好像跟没念过一样，忘记了。再念一遍之后，又放到书架上，隔一两年再看，好像又跟没念过一样。这样的话，怎么可能把书念好呢？所以，你每天念一点，每个月复习整理一遍，这才叫做好学。在这方面，子夏有不少言论，大部分收录在《论语·子张篇》中，值得我们去认真理解。

子夏更是直接给"学"下了个定义："贤贤易色，事父母能竭其力，事君能致其身，与朋友交言而有信。"这里说的是四种人际关系。关于"贤贤易色"，有多种解释。比如，看到贤者就要改变态度，表示尊重。事实上，这很难做到。看到一个人，你怎么知道他是不是贤者呢？所以，一般把"贤贤易色"解释为：对待自己的妻子，重视美德而轻忽美色。这样一来，家庭就和谐了。而对待父母亲，则要尽心竭力。对待国君，应该奋不顾身。跟朋友交往，要言而有信，说话算话。这其实是做人的原则。子夏认为，能够做到这四点的人，即便没有受过教育，我也一定说他受过教育了。

这段话体现了儒家的一种思想——谈人生，不能离开人与人之间的相对关系。一个人不管念了多少书，他总要活在社会上，与别人相处的时候，相互之间的言行表现都要恰到好处。如果做不到这一点，书念得再多，有什么用呢？很多人智商很高，书念得很好，但情商不够，就是说，跟别人相处时，情绪调节不当。我常常想：一个人应该设法在心中装上几个按钮。比如，上班时，我一按，马上变成合格的上班族，与同事和睦相处；回家看到父母亲，一按，就是孝顺子女；结婚成家，一按，就是好父亲，好母亲。子夏提到的四种人际关系再加上兄弟关系，就是平常讲的五伦。我们学习儒家的时候，要时刻牢记儒家对人际关系的关注。人际关系的关键在于真诚，并随着角色的变化而有不同的要求。

人性向善，重要的是怎么择善固执。择善是最难的，需要考虑三点。第一，要求自己真诚。如果你一天到晚与别人相处，但却毫不真诚，那不是做戏、作秀吗？第二，既然与别人相处，就要知道对方对自己有什么要求。假设我有三个朋友，我不能说对甲、乙、丙都一样。比如，甲和我认识了三年，乙和我是昨天才认识的，如果对待他们二人的态度一样，甲恐怕会想：你怎么可以对我这样子？我们是三年的朋友！那乙说不定就会想：哎呀！你对我这么好，大概是因为我们昨天才认识。丙说不定是更好的朋友。而你对三个人一视同仁，并不公平。公平是最难做到的，有时自以为公平，而对方却不见得这样认为。所以，就要注意对方的期许，我对你很真诚，同时我要知道你对我提出什么要求。第三，社会规范要遵守。人与人相处的时候，都有一定的社会规范。比如，在学校，老师和学生；在单位，老板和员工，双方都有共同的社会规范,叫做共识。任何社会规范,既然是公开的,既然是普遍的,就不允许例外。

我根据自己的经验把人与人的交往总结为以下几个步骤:第一步,内心感受要真诚。我会真诚地面对每一个人。真诚代表我对你的感情有几分,也就是说,我愿意用多少力量来帮你,来完成你对我的要求;我愿意做多少事来让你满意。比如,邻居老人和父母对我有要求,但我对他们的感情当然有差别。父母要我做任何事,我都做;而邻居老人要我做的一些事,我可能不做。我会跟他说不行,我还有别的事要做,我只能帮你到什么程度。这才说明你真诚,否则你是一个"烂好人",别人叫你做任何事,你都做,到最后疲于奔命,自己的父母反而没照顾好,这不行。所以,真诚不是天真幼稚,一定要衡量自己跟别人的关系,从而掌握适当的分寸,适当的程度。

第二步,对方的期许,就是对方对我有什么要求。如果要求太多,我做不到,那就实话实说,不能勉强,否则一定会有后遗症。人与人之间为什么有很多恩恩怨怨,纠缠不清呢?就因为开始的时候有所勉强。比如,我对你只有三分感情,我努力说说,四分;努力做做,五分。到最后,我觉得自己对你好像没有这么深的感情,但说了很多,做了很多,太辛苦了,就会要求你回报得更多,可你又不见得做得到,以致变成互相责怪,互相抱怨了。

孟子曾讲过一个故事,有个人看到敌国人拿箭射他。他事后跟别人谈到此事,毫不在乎,因为两国打仗,敌人拿箭射我,我不怪他,我也要拿箭射他呢。但另外一次,他的哥哥要拿箭射他。他事后跟别人讲起这件事,哭哭啼啼,很委屈,很伤心。同样是有人拿箭射他,为什么前面那一次毫不在乎，后面这一次痛哭流涕呢？因为后者是他的哥哥，是兄弟阋墙，兄弟反目。他对哥哥的期许是一种兄弟情感，而他对敌人不会有期许，所以敌人拿箭射他，他不在乎；哥哥拿箭射他，他很难过。同样有被箭射中的危险，但他内心的情感和反应完全不同，这就说明人与人相处就是一个对方的期许能否满足的问题。我也有这样的经验。我教书很久了，有时在校园里两个学生迎面走过来。我一看，左边这个学生我教过，很面熟；而右边这个学生，不认识，没见过。他们经过我面前的时候，都不理我。没教过的学生不理我，我毫无感觉，反正他不认识我，我也不认识他，两个路人遇到，何必打招呼呢？但教过的学生不理我，我就很难过。这实在让人伤心。当然，到最后，我会反省，也许自己没教好，所以学生才不愿意跟我打招呼。这个例子旨在说明，人与人之间因为一种特定的关系而互有期许。

如果没有期许，就不会有抱怨。但人与人相处，当然会有期许，但期许和关怀是连在一起的。我要强调的是：内心感受要真诚，对方期许要沟通，社会规范要遵守。社会规范是针对众人的，不能违背。真诚相处，沟通期许，达到一种平衡，相处就没有问题了。为什么人活在世界上，要自我约束呢？因为包括自我情感在内的很多东西，只有自我约束，才能够适当分配。情感贵在真诚，但同时也不能漫无限制。谁不希望对别人好？但你有多少时间，有多少力气，有多少精神呢？如果你对每一个人都好，到最后自己根本受不了，吃不消。

即便你对每一个人都好，各人的反应也不一样，有人会受宠若惊，有人会觉得还不够好。假设我有两个朋友，我同样请他们喝咖啡。一个人是昨天才认识的，喝到我的咖啡，很感动："哎呀！昨天才认识你，今天就请我喝咖啡了。"另外一位认识了十几年,他也许会想:认识十几年才请我喝咖啡!马上就产生了落差。你本是好意,但同样的表现,别人的反应却完全不同。别人对我如此,我对别人也一样。儒家早就注意到这种情况,所以强调:真诚的时候还要加上理性的沟通,要注意到对方的要求,人与人之间的互动,这样才能使儒家的思想落实在我们的生活中,给每一个人提供重要的参考。

尽管子夏书念得好,同时也是很好的老师,教出了很多出色的弟子,但他对儒家思想的理解,有时不见得完全准确。所以,《论语》里有一句话就是孔子特别对子夏说的:"子夏呀,你要做一个君子儒,不要做一个小人儒。"这句话很有意思。因为一般认为,儒家是孔子以后才有的。其实不然,孔子以前就有"儒"这个称号,只是不见得有儒家这个学派而已。"不要做一个小人儒"说明小人也可以作为儒,当然,君子更可以了。这样劝子夏,恐怕意味着子夏有时过于保守。

孔门弟子中,不但子游批评子夏,后来子张也批评子夏了。子夏说:"可者与之,其不可者拒之。"值得交往的,才与他交往;不值得交往的,就拒绝他。这个态度好像不太对头。子张反驳说,我所听到的与此不同:"君子尊贤而容众,嘉善而矜不能。"君子尊敬才德卓越的人,也接纳一般大众;称赞行善的人,也同情未能行善的人。如果别人已经很好了,何必在乎你呢?别人跟你交朋友,就是因为比你差需要你帮忙啊。子张的观点很特别,也更有道理,合乎情理。由此可知,子张是"过",子夏是"不及"。子夏因为太保守,显得格局很小。所以孔子劝子夏不要做"小人儒"。小人、君子的解释很多,其中之一是说,小人指小孩身体长大跟大人一样,但志向不够,或者说生命没有完成内在转化;而君子是随着生命成长不断立志,以至于其自身一直往上发展。

儒家的君子、小人,有时使我想起道家的一种比喻,就是庄子在《逍遥游》中提到的大鹏鸟。庄子说,北海有一条鱼,名叫鲲,非常大,有几千里之巨。我们不要被他吓到,因为庄子是"语不惊人死不休",其实他讲的不是事实,而是寓言。他说这条鱼一变变成鸟,然后变成鹏,大鹏鸟一飞,能飞九万里。九万里到哪里? 外太空了! 所以,庄子的境界很开阔博大。一般从地上看天空很美,尤其在月圆的时候,特别美;而从天空看地球,一样美,有距离就有美感。庄子是战国中期的人,与孟子处于同一个时代,那时天下大乱,战争频仍,民不聊生。但

向孔门弟子借智慧

庄子像

庄子告诉我们:不要诅咒人间的罪恶和黑暗,只要保持距离,从很远的地方来欣赏,自然觉得它美。就像美国宇航员在登陆月球之后说了一句话:"地球真美!"相反,住在地球上,人太多,许多地方环境被破坏了,人与人互相争权夺利,很丑恶。因此,庄子通过大鹏鸟的故事告诉我们:如果境界能够向上提升,生命就可以转化。儒家的小人和君子,好像是两个对立面;而在庄子心目中,这种对

立更严重。两种人,一种是平凡人,生命不肯改变;一种是出色人,生命不断往上提升。

我们接着讨论这个比喻。首先,鱼离不开水,受限制比较大。其次,大鹏鸟需要空气,受限制比较小。大鹏鸟往上飞,飞到九万里时,毋需任何努力,本身的浮力就可以让它自由翱翔。换句话说,人活在世界上,小的时候需要各种条件,如同鱼在水中一样;慢慢长大之后,对外界的依赖越来越少,越来越自在了,因为需求少了;再往上飞到九万里时,就可以不费任何力气,自由翱翔,生命才达到真正的自由逍遥。

所以,有时候我们念《庄子》比念儒家压力更大,因为庄子很喜欢讨论一种人,叫真人。什么是真人?是不是说我们都是假人?我特别喜欢庄子讲的八个字:真人"其寝不梦,其觉无忧"。真人睡觉时不做梦,醒来后没有烦恼。这就是道家。平常我们一睡觉就做梦,一醒来就烦恼,这是一般人,假人。

那么,怎么区分真假呢?关键就在是否得"道"。道就是真实,就是根源。一个人成了假人,是因为离开了根源,就好像鱼离开水一样。相反,一个人如果成为真人,就可以和道完全结合。所以,我常常想,怎样让一滴水不干涸?只有一个方法,就是把它倒进海里。海就是道,一滴水就是我们的生命。如此对照就会发现,道家的思想是非常有特色的,但我们的重点不在这里,我们想说明的是:一个人无论学儒家,还是学道家,都要记住一个原则——生命需要向上转化、提升。

因此,学习儒家时,对于小人、君子要有清楚的分辨。每个人生下来都是小孩子,但随着身体的长大,必须立志,让自己成为君子。所以我经常把"君子"当做动名词,就如同把"仁"当做动名词一样。"仁"这个字意思是你要不断地行仁——行仁是一辈子都要做的事。同样,君子更多时候是一个动名词,意思是我要成为君子,而非我是君子。君子是在慢慢发展、成长的,代表了一个方向:要从有我到无我,从利己到利他,让自己的生命境界越来越开阔。

从子夏教学的细节中,我们觉得他格局稍微小了一点,但他也知道自己不是孔子这样的伟大学者,所以他说:"能够做到本末兼顾,全面教育的,就是圣人啊。"子夏一辈子安分守己,老老实实教他的《诗经》、《尚书》,但孔子的期许其实更高。我们向子夏学习怎样教书,又不单是教书,"经师易得,人师难求",还要教学生怎么做人。教做人的时候,老师本身就要作为示范,作为君子。所以孔子教导子夏说:"你要做君子儒,不要做小人儒。"

提到儒,我再讲一段跟庄子有关的故事。《庄子》里面有一次提到儒家服饰。庄子本身是道家,所以他的服装跟儒家不一样。古代儒家的服装有特别的规定。庄子的寓言中说他见到鲁国的国君。鲁君说:"先生穿的服装很特别,鲁国很少有人穿这种服装。先生的这套学问,这套本事,鲁国很少有人学。鲁国都是儒士,是儒家的后学。"庄子就问:"鲁国真的有儒士吗?有儒家的后学吗?"鲁君说:"有啊,满街都是穿儒服的人,大家都是儒者。"庄子说:"不一定!儒家的服饰有什么含义,你知道吗?圆形的帽子,代表天圆,说明懂得天文;方方的鞋子,代表地方,说明懂得地理;身上系一条丝带,上面挂着五种颜色的玉,叫做五色玉玦,这说明遇到任何事情都可以决断。一般人穿着儒家的服装,但不见得懂得儒家的道理。"

然后，庄子和鲁君打赌："您现在公告天下，凡是不懂儒家学说，却敢穿儒服的，杀！"结果，公告出来五天之后，鲁国基本上没有人穿儒服了。儒服穿着好看，但如果不懂儒学就要杀头，于是大家都不穿了，只有一个人还穿，而且这个人还主动跑到官府，让人抓。鲁君把他请来，问他任何儒学问题，他都对答如流。庄子感慨地说："全鲁国只有一个人是真正的儒者，能算多吗？"这是一段很有趣的故事，说明很多人是随潮流穿儒服的——反正大家都这样穿，我也跟着穿，其实并不懂得儒家的道理。果真懂得儒家的道理，就应该去实践，这样的人叫做君子儒，否则就是小人儒。

　　子夏本身是个好学生，后来也成了老师。他明白应该继续往上提升，不只是学习简单的行为规范，还要往上提升理想。一个读书人要高尚其志，如果你不能"大其心"，如何体天下之物呢？以至于后来宋朝的学者很喜欢强调，读书就要设法大其心——心胸开阔，才能够了解天下万物与自我之间的关系。

向曾参学习勤奋

　　孔门弟子中有个很出名的学生叫曾参。我们要向他学习勤奋。

　　孔子的学生中有好几对父子档，曾参的父亲曾点也是孔子的学生。曾点非常潇洒，曾参则很老实，父子两人的个性和才华，可以说是迥然不同。曾点在《论语》中只出现过一次，但这一次足以惊天动地。因为孔子很多学生谈的问题、做的事情都很一般化，而曾点则非常特别，值得重点介绍。

　　孔子经常和学生们谈论志向。有一次，孔子身边带着四个学生，子路、冉求、公西华和曾点。孔子让大家说说自己的志向。子路第一个发言，他要当军事家，如果由他负责一国的军事，别的国家就无可奈

曾参像

何了。冉求要做政治家,他很谦虚地说,如果交给我一个小国家,我用三年可以管得不错。公西华要当外交家。这三人都是标准的读书人,古代读书人的出路就是从政做官,为百姓服务。这时,曾点在做什么?当别人谈话的时候,曾点在弹瑟,也就是负责背景音乐,营造柔和的环境气氛。最后,孔子问他:"曾点,你的志向如何?"《论语》原文说:"鼓瑟希,铿尔,舍瑟而作。"弹瑟的声音慢慢稀疏了,"铿"的一声,曾点把瑟推开,站起来说:"我的志向跟前面几位同学不一样。"孔子说:"没关系,大家各自说说吧。"于是,曾点说:"莫春者,春服既成,冠者五六人,童子六七人,浴乎沂,风乎舞雩,咏而归。"暮春三月时,春天的衣服早就穿上身了,我带着五六个大人、六七个小孩,到沂水边洗洗澡,到舞雩台上吹吹风,然后一面唱歌一面回家去了。乍听之下,这哪儿是志向啊?别人都是要做具体的政治工作,而他却打算跟几个人去洗洗澡、吹吹风,然后唱着歌儿回家!

没想到,他讲完之后,孔子居然叹息一声:"我欣赏曾点的志向啊!"为什么?因为曾点的志向配合天时、地利、人和,顺其自然,自得其乐。天时,即指春天,活在当下。地利,靠近沂水有舞雩台,这是就地取材。人和,就是五六个大人、六七个小孩其乐融融。只要天时、地利、人和相得益彰,你在任何时候、任何阶段都可以过得很快乐。人活在世界上,最重要的是过得快乐。曾点恐怕也没有想到,自己的志向说出来之后,能得到孔子这么高的评价。

不过,再看此后的一段描述,我们就会知道曾点还有待提升。当孔子说完"我欣赏曾点的志向啊"之后,其他三位同学立刻离开了,他们都知道这次不及格了,因为老师只夸曾点一个人好。此时,曾点乘胜追击,他问孔子:"老师,刚刚子路讲完,您为什么笑一笑呢?"孔子说:"治理国家要靠礼仪,但子路说话一点都不谦虚,所以我笑他。"曾点又问:"冉求说的那个小国家是不是很小啊?"孔子说:"冉求说小,那是他谦虚,他当然可以治理大国。"曾点接着问:"那公西华愿意做一个小司仪,是不是也是很小的志向?"孔子说:"公西华如果是小司仪,谁又能当大司仪呢?"由此看来,孔子对其他学生都是很肯定的;而曾点的后续问题反映出,他的见识还是有一些局限的。

后来孟子说,孔子让学生交朋友最好选择中行者,也就是言行适中,非常中庸的人。但这种人很少,如果没有,找谁做朋友呢?狂者,狂者进取,也就是志向很高,孟子举的例子就是曾点。因为他开口就说古人,以古人作为榜样,非常进取。

我常常把一个人受教育的程度也分为三个阶段,由低往高:第一步,要懂得有所不为——没有格调、没有水准的事,不去做。因为你既然接受教育,就应该懂得什么叫做高标准;第二步,才是进取——除了一些事有所不为之外,还要往上提升;最理想的情况,也就是第三步,是中行者,言行都非常适当。

曾点这个人对教育小孩子是没有什么耐心的。孔子收徒有一个门槛,十五岁以上的才收。所以曾参十六岁时,孔子已经六十二岁了,正在周游列国,并不在鲁国。曾参的父亲曾点就叫他到楚国找孔子学习。

我们都知道,曾参这个人很孝顺。他的勤奋,也要先从孝顺说起。他的孝顺从幼稚到精彩,不断在进步。曾参小时候很可爱,很老实。但他爸爸脾气显然不太好,所以曾参小时候吃了很多苦,但他确实是孝顺。最初,曾参经常跟同学说:"我最孝顺了,爸爸打我我都不跑。"

这话传到孔子耳中,孔子认为这样做有问题,就把曾参找来:"曾参,你爸爸打你,你都不跑吗?"曾参说:"是啊,我最孝顺了。"孔子说:"这样不对。"曾参吓了一跳:"难道要跑吗?"孔子说:"也不能跑。你爸爸打你的时候,你要看棍子是粗还是细,如果是粗棍子,你就得跑,因为大人出手很重,如果不小心把你打伤了,别人会批评你爸爸,这样就是对爸爸的不孝;如果拿的是细棍子,你就挨打吧,反正是皮肉之伤。这叫做'大杖则逃,小杖则受'。"可是,曾参还是觉得很困惑,因为不知道判断棍子粗细的标准何在。

《孟子》中还记载了几个曾参尽孝的故事。第一个故事说,曾参的爸爸曾点喜欢吃羊枣,于是曾参自己就不吃,全都留给爸爸。孟子的学生请教孟子:"羊枣和炒肉,哪一个好吃?"孟子说:"当然炒肉好吃。"学生问:"那曾参怎么吃炒肉,却把羊枣留给父亲呢?"孟子说:"因为他父亲喜欢吃羊枣,如果儿子多吃一颗,父亲就少吃一颗了,所以羊枣全部给父亲吃。尽管一般人认为炒肉比较好吃,但曾参说,爸爸喜欢吃羊枣,那我只好吃炒肉了。"孟子接着说,说话的时候不能提到父亲的名,但可以提到父亲的姓,因为姓是同族人所共有的,名却是一个人所独有的,这叫讳名不讳姓,讳就是避讳。我国古代还要避帝王的名讳,比如《老子》中"道可道,非常道"本来是"道可道,非恒道"。后来到了汉代,汉文帝名叫刘恒,他一当皇帝,很抱歉,"恒"字不能用了,统统改成意思相近的"常"字。所以,我们可以据此判断《老子》版本的年代——当然,这是题外话了。

第二个故事说,曾参奉养父亲的时候,每顿饭都有酒有肉,让父亲吃得很开心,吃完之后还问父亲:"剩下的酒肉给谁啊?"爸爸可能会说:"今天送给隔壁的张家,明天再送给某某家。"为什么这样问?因为邻居有很多穷人,爸爸既吃饱喝足,又能把剩下的酒菜送给穷人家,做了好事,就会很开心。曾参老了以后,每顿饭也是有酒有肉,可是,吃完之后,儿子根本不问他剩菜给谁。他问有没有剩的,儿子曾元总是说已经没了,并把剩菜收起来,下一顿热一热再给爸爸吃。所以,尽管曾参自己很孝顺,但他并没有把儿子教好。

这两段故事特别令人感动,甚至连庄子都承认曾参是最孝顺的。《庄子》里面说,曾参父母在世时做官,薪水只有三釜——釜是古代一个比较小的计算单位,如同现在一个月赚一千元——但是曾参很快乐,因为父母跟他在一起,他可以努力工作让他们吃饱喝足,奉养双亲。后来曾参做了大官,赚的钱竟是以前工资的一万倍!这不得了!以前一个月一千元,现在变成一个月一千万元了,可曾参却很难过。因为他赚大钱的时候,父母已经不在了,无法奉养双亲,赚的钱再多,有什么用呢?这就是曾参。

曾参年少时家境贫寒,常入山打柴。一天,家里来了客人,年迈的母亲无力招待,一时手足无措,情急之下狠狠咬了自己的手指。在外砍柴的曾参忽然觉得心痛难忍,想起在家的母亲,马上背起柴担飞奔回家。这就是《二十四孝》中的"啮指痛心",可能就是我们现在所说的心电感应,情到深处,心灵相通。

如果追溯曾参孝道的根源,那大概就是他自己说的"慎终追远,民德归厚矣"。慎重办好父母的丧事,虔诚祭祀去缅怀祖先,整个社会风气就会敦厚,每个人都感悟到生命的源远流长。这应该也是曾参个人实践的心得。

孔子对曾参很了解,他曾说:"参也鲁。""鲁"意思是老实、迟钝,反应比较慢,IQ稍微差一点,所以孔子有时教学就特别拿他做例子。在整部《论语》里面,最重要的一段话就是孔子自己说"吾道一以贯之"。他曾想把这个理念通过曾参传扬出去。因为曾参年纪小,又比较笨,一定不明白一贯之道,会继续追问,那就可以进一步解释阐明了。上课了,孔子对曾参说:"参乎!吾道一以贯之。"曾参,我的人生观是由一个中心思想贯穿起来的。孔子本来希望曾参接着问:"何谓也?"可是,曾参不知道哪根筋不对,竟然答:"的确如此。"孔子吓了一跳,反应很激烈,"子出",立刻离开教室——你都懂了,我还教什么呢?!孔子一走,悲剧就发生了。别的同学围过来,问曾参:"何谓也?"这不是悲剧吗?这三个字本应该是曾参问孔子的,他没说,害得孔子离开教室,同学们却跑来问他。不要忘记,他可是孔门弟子中年纪最小的几个之一,资质又不怎么好,怎么可能解答这么深奥的问题?没想到,曾参居然随便讲了一句:"夫子之道,忠恕而已矣。"这只是曾参当时的个人体会,而绝非孔子的一贯之道。很清楚,孔子说的是一;曾参说的忠恕是二,再怎么解释它们都不是一。

但不要忘记,曾参是一个勤奋向学的人,终生努力,最后终于取得了杰出的成就。《中庸》说得很好,别人念一遍就会了,我念一百遍;别人念十遍就会了,我念一千遍,这叫做"虽愚必明",虽然愚笨,但到最后全都明白了——这才是学习的秘诀,没有别的速成方法。曾参一生勤奋好学,终于掌握了孔子的一贯之道,他归结为一个字"仁"。"士不可以不弘毅",读书人不能不具备恢弘的气度和坚毅的性格,因为他承担重任而路途遥远。把行仁当做自己的责任,这不是很沉重的担子吗?到死才能停下脚步,路程不是很遥远吗?"仁"就是"一以贯之"的标准答案。

很多人读《论语》都觉得奇怪,为什么在《论语·学而篇》中,孔子讲完话立刻出现一个人叫有子,他怎么也称"子"呢?在古代,"子"放在名字后面意思是老师、先生。孔门弟子大多不称"子";子路、子贡、子游、子夏、子张只是名字中用了"子"字而已。此外,年纪轻轻的曾参也被称为曾子。这是因为负责编纂《论语》的就是有子和曾子的学生,他们称自己的老师为"子",而不管老师在其同辈人中的大小。比如,《学而篇》第四章记载:"曾子曰:'吾日三省吾身:为人谋而不忠乎?与朋友交而不信乎?传不习乎?'"这几句话说明,曾参当时已经当老师了。你看他每天自我反省的是:第一,为别人做事,有没有尽心尽力?第二,与朋友交往,有没有守信用?第三,教学生的东西,自己有没有先去做?曾参的三种反省都是从别人的角度来反观自己,通常所谓反省,就是从反面来审视自己。

《论语》对曾参的描写集中在《泰伯篇》中。曾参年纪大了,也收了很多学生,生病了,就把学生召集到家中:"看看我的脚,看看我的手!《诗经》上说:'战战兢兢啊,好像走在深渊旁边,好像走在薄冰上面。'直到现在,我才敢说自己可以免于毁伤了。同学们记住啊!"这段话有什么用意呢?古时候的刑罚非常严苛,会砍人手脚,脸上刺字。曾参的意思是,我手脚健全,说明一生清白,没有犯法受刑;另一方面也强调,身体发肤受之父母,要对自己的生命负责,不可损伤。"战战兢兢,如临深渊,如履薄冰"这句话引自《诗经》,意思是一生都要谨慎小心,如同走到悬崖边,一不小心就会掉下去;如同踩在薄薄的冰面上,一不小心可能就陷落下去。谨慎是曾参所倡导的养身、修身之道。

西方哲学谈到人的德行修养时强调,第一是明智,第二是勇敢,第三是节制,第四是正义——这是古希腊时代推崇的四大美德。明智包括两方面内容,聪明和谨慎。一般说到明智,都会认为是指人很聪明。其实不够,还要再加上谨慎。否则,因为聪明而乱说话,做事不小心,可能造成严重的后果。曾参正是因为非常谨慎,严格自我约束,才可能取得这么高的成就。曾参在《大学》中特别提到两个字"慎独",就是独处时特别谨慎。用曾参的话讲,叫做"十目所视,十指所指"。一个人在房间里面,好像有十只眼睛看着你,十只手指着你。也就是说,旁边有人看着你,你当然会循规蹈矩了。这就是所谓"君子不欺暗室",在一个黑暗的房间里,没人看着你,你也不能自我欺骗,为所欲为。如果你在独处的时候胡作非为,你怎么保证跟别人相处的时候不会露出马脚呢?千万不要以为自己很聪明,可以骗得过天下人。尽管心思很隐秘,但行动的时候就会显露无遗。这就是儒家的思想。曾参用"十目所视,十指所指"来说明慎独,可见其修养之一斑。

很多时候,我们都需要通过一种方法达到某种诉求。所谓方法,比如,曾参说的"十目所视,十指所指",就是一种最简单的方法。也就是说,你其实并不需要别人指点,你心里有数,通常最了解你的人就是自己。所谓常常说别人不知道,其实天知,地知,还有自己知道。再有,不要忘记,古人相信鬼神,鬼神也是知道的。所以在《中庸》里面提到人的内心是否真诚,就用鬼神来说事,鬼神不受限制,了解一切,人内心真诚与否是无法骗过它的。这就是儒家的思想。

很多人认为,儒家的重点放在对外的人际关系上,比如,我有礼貌,和别人相处很愉快,大家送往迎来很客气。其实并不仅仅如此,如果没有内心的真诚,去反省,去修养,又怎么可能在对外的人际关系上表现得适当得体呢？所以,儒家的生命力不在于外在表现,而在于如何强调内在的自我修养,这可以借助于天地神明,可以借助于内心的真诚自觉。当然,作为方法,也可以想象很多人在旁边看着自己、约束自己。

当然,今天这个问题不存在了,因为在这个针孔时代,随时都有一个针孔在看着你。西方有一句很调皮的话,让人听着很刺耳:"上帝死了,所以来了狗仔队。"这话翻译成中文,寓意反而不是很清楚了。英文中,上帝是"God",倒过来就是狗"Dog",并加上了"s"变为复数,所以说,上帝死了,狗仔队来了。翻译成中文,只是表面上觉得有趣;但用英文讲,则很恶毒,上帝无所不知,狗仔队也无所不知。当然,这是开玩笑。不过,在现代社会中,完全保密其实不可能。很多时候,比如,得意忘形的时候,有人就会把一些话透露给自己的好朋友。而曾参的修养就在于此,他从一点一滴的小地方下手,这也是儒家的传统。

《孟子》里面还有一段精彩章节。孟子认为,自己跟别人不一样的地方有两点。第一,知言。知言是不得了的事情。《论语》的最后一句话,就是第二十篇《尧曰篇》第三章:"孔子曰:'不知命,无以为君子也;不知礼,无以立也;不知言,无以知人也。'"不懂得分辨别人的言论和内容含义,你就无法了解这个人。孟子很自信,认为自己听到别人讲话,就知道这句话里有没有闪避,有没有执著,有没有盲点,有没有过度,各种情况都可以分辨得清清楚楚。

第二,我善于培养自己的浩然之气。所谓浩然之气,是至大至刚的,非常了不起。孟子说,培养浩然之气首先是勇敢。《孟子》里谈到三种勇敢:第一种,称作勇于对抗;第二种,称作勇于自我要求。自我

向孔门弟子借智慧

要求可以理解为建立内心的一种自信;第三种,是真正的勇敢。

先说第一种,勇于对抗。孟子特别提到一个人叫北宫黝,此人非常剽悍,任何人骂他,"恶声至,必反之",这就是勇于对抗。诸侯对他不好,他就像打老百姓一样去打诸侯,不会因为诸侯麾下千军万马而怯战,任凭千军万马,我一个人就把你的主帅抓到了,擒贼先擒王,他有这样的魄力。所以,这样的人大多很凶悍,身高体壮,武功高强。如果没有这些条件,就贸然跟别人对抗,一下子就被摆平了。

第二种勇敢的代表人物是孟施舍。孟施舍善于心理调节,我既然不能胜过你,那么把不能胜当成能胜,这类似于精神胜利法,跟阿Q有点像。我虽然打不过你,但我心里认为可以胜过你,如果我先算准能胜或是兵力比你强,然后再去打,那算什么勇敢啊? 这也有道理。

讲到第三种,孟子特别引述曾参的话,而曾参转述的是孔子的话。孔子的很多言论在《论语》里是看不到的,但在《孟子》里面反而通过曾参说了出来。孔子说:"真正的勇敢是,自我反省发现自己错了,即使面对的是平凡的人,我不觉得害怕吗? 自我反省而确认正义在我,即使面对千军万马,我也勇往直前。"这种魄力来自道义,因为人与人相处,一定要有是非善恶的分别。自我反省,如果发现自己是对的,就不要怕,即使天下人都反对我,也照样向前走。

一般人大多认为儒家的理念是与人为善,融洽相处,好好过日子,追求社会的和谐。这是儒家吗? 是,但不够。真正的儒家还会考虑到,可能整个社会、天下人都腐化了,这个时候你和天下人对抗,就不要害怕。因为如果你只是为了和谐而保持和谐,很可能会变成乡愿。为了融洽相处,不引发冲突,即使我是对的,你们是错的,我也妥协,这怎能叫儒家呢？所以，这段话的意义特别重要，它体现了儒家的一种思考模式，就是把自己与天联系起来。就像孔子的"五十而知天命"一样，孟子也认为，天要治理好天下，当今之世舍我其谁？"天"是前提，是条件，天如果不想把天下治好，我再努力也没用，时不我与。这其实是道德自我反省的一种力量。

人们经常会以为自己错了，当确认自己根本没有错之后，力量才会出现。孟子的处世之道显示，他确实得到了儒家的真传。他说："如果有一个人对我很不礼貌，那么，君子一定自我反省：我一定不仁，一定无礼，否则这种事怎么会落到我头上？"自我反省后认定自己是仁而有礼的，而那个人对我还是这么粗暴，那就要反省第三点，也就是最后一点：我是不是不忠？我做人做事有没有尽心尽力，尽忠职守呢？如果确定自己真的把事情都做得很好了，而那个人对我还是这么粗暴无礼，君子就说："这是个狂妄的人。狂妄的人与禽兽没有什么区别，对禽兽又何必在意呢？"这就是孟子，先认真自我反省，确认自己是否有错。这也是儒家的修养功夫：先假定自己有错，认真反省，但当最后发现自己没错的时候，就要反击回去，让对方知道他冤枉我了，这就是儒家的"以直报怨"。

《论语》里还有一个人我一直想介绍给大家，但总找不到机会。这个人没有名字，在《论语》里出现的时候就是一个字"或"，也就是英文中的"somebody"。这个人常常跑出来发言，就是《论语》里常常出现的"或曰"。我猜想，这可能是因为孔门弟子后来回忆老师讲话时，记不清提问者是谁了，只好模糊处理。不过，"或曰"往往提出很重要的议题，比如，对"以德报怨"的讨论。如果你要了解儒家和道家的差别，不妨从这一点入手。

向孔门弟子借智慧

"或曰:'以德报怨,何如?'"有人跑来跟孔子说,不知道您觉得以德报怨怎么样?以德报怨是老子提出的,主张你对我有怨恨,我却用德来回报你。老子为什么这样讲?因为他主张整体观,道是一个整体,其内部的恩恩怨怨都可以化解。所以,如果你对我不好,而我对你很好,这样你就不会再对我不好了,大家都不会再有什么问题了。但孔子认为:如果以德报怨,那么何以报德呢?别人对我不好,我对他很好;那别人对我很好,我怎么回应呢?无论别人对我好坏,我都对对方很好,这样岂不是对那个对我很好的人不公平吗?对我很好的人发现别人对我不好,却依然得到我的善待,那他为什么还要对我好呢?所以,最好是以直报怨,以德报德。你对我好,我也对你好;你敬我三分,我让你五分,大家互相尊重。这是合乎逻辑的,也符合正常人的情感。另一方面,如果你对我不好,我就要以直报怨。"直"有两层意思,真诚与正直,两者都要兼顾。如果只强调正直,那很麻烦,因为正直与否需要标准,而标准何在?自以为正直就是正直吗?不能这么主观。所以,要以真诚和正直来对待那些害我的人。如果他害我确实很过分,就要用法律来制裁,这样才能够避免姑息养奸。如果他对我只是一点小小的损伤,我就真诚地提醒他,原谅他,不跟他计较。这才是儒家以直报怨的立场,千万不要以怨报怨。

以怨报怨是古代犹太人的观点,也就是以眼还眼,以牙还牙。事实上,这个观念到耶稣时就已经发生了松动,耶稣是犹太人,但犹太人却不能接受他,因为他的很多看法和犹太人世代传袭的律法迥然不同。犹太民族很特别,他们认为自己是上帝的选民,但做上帝的选民并没有什么好处,还要接受严格的检验,所以犹太人一路浪迹天涯,他们的律法以追求正义为目标，非常严格。而耶稣的主张是：别人打你右脸，左脸也给他打；别人跟你要内衣，外衣也给他。这是宗教精神，普通人一般很难做到。

我记得念中学的时候，有一次打篮球，一个学长输不起，为了泄火就推了我一把。刚好我拿球准备上篮，结果被他推出场外，摔了一跤。他个子比我高，我也打不过他，就对他说："我原谅你吧。"结果不得了，他听了竟然过来要揍我。之后反思，我才发现，自己的话太嚣张了，好像别人需要我原谅似的。学长确实很没有风度；而我的话却摆出高高在上的样子教训他，他当然更生气，要揍我了。

我们年轻的时候都缺乏修养，有时好像在斗气，根本谈不上修养。不能否认，宗教的慈悲、博爱确实伟大，但我们毕竟是平凡人，信仰宗教需要特殊的机缘，特殊的感动。儒家思想基本不属于宗教。儒家有宗教情操，但其本身并不是宗教信仰。只要学习儒家，就会感觉生命永远有向上提升的机会，而且永远有向上提升的必要，这就是宗教情操。通俗来说，其实就是孔子说的"三十而立，四十而不惑，五十而知天命……"，一路上去，今天比昨天好，明天比今天更好。这是一种德行的修养，用真诚引发行善的力量，不断行善，让自己的人格越来越趋于完美，而这个完美是没有止境的。

曾参特别值得我们学习的就是他的勤奋努力。他小时候并不聪明，孔子也说他比较鲁钝，但后来却一路进步，居然成为孔子身后传播儒家思想最重要的代表之一，把《大学》传到后代，并著有《孝经》，充分阐释、发挥了孔子的思想。从再后的子思、孟子身上，也可以看到曾参的显著影响。不言而喻，曾参对整个儒家思想的发展是非常重要的。

第五讲

向冉求学习做官

　　说到冉求，也许很多人都觉得有点陌生。他又名冉有，比孔子小二十九岁，是孔子在中年时收的弟子。冉求很有本事，在政事科里名列第一，而大名鼎鼎的子路却只排在第二。孔子对他的评价就是一个字，"艺"，多才多艺。我们向他学习什么呢？学习做官。当然，不见得每个人都去做官，但生活在社会上与别人相处总免不得存在上下级关系，冉求的例子能给我们很多处世参考。孔门弟子不是圣人，冉求也给我们提供了很多反面教材，但这并不妨碍他仍然在孔门弟子中占有重要位置。

　　孔子谈论自己的时候，也用过"艺"这个字。孔子年轻时家里很穷，

冉求像

要做各种卑微的工作谋生，各种行业都得学一学，所以多才多艺。孔子很少用同样的词来描述自己和学生。除了冉求之外，孔子只说过自己与颜回都好学。说自己好学，一方面是承认自己有优点，另一方面也是强调自己在不断往上提升，不断充实，三人行必有我师。一个划船的老渔夫，只要有一两句话说得好，孔子就一定要拜他为师，"请你来教我"。这样一来，害得孔门弟子紧张得要命——老师拜人为师，那我们岂不是矮了一辈，变成徒孙了？《庄子·渔父篇》里就有这么个故事调侃儒家。

曾经有人问："冉求能不能做官？"孔子答说："他没什么问题。"但是，多才多艺展示了一种能力，而不是处事的原则，深究起来，这就是问题了。冉求在原则性方面往往把握不住。孔子晚年准备回归鲁国，当时执政的是季康子。季康子的父亲是季桓子，季桓子曾经请孔子做到鲁国的最高位置——代理总理，但季桓子后来接受齐国送来的女乐，并沉溺其中不理朝政，于是孔子离开了。季桓子为此受到批评，所以他过世时就嘱咐儿子季康子："一定要请孔子回来并加以重用，否则会被国际上的人耻笑。"可季康子只有二十五岁，如果延请孔子为臣，恐怕担待不起，所以就变通为请冉求辅佐。于是，孔子担任国家顾问，而冉求则坐上季氏最高家臣的位置。那么，冉求做得好不好呢？不好，有几件事情让孔子很恼火。

季氏曾经多次僭越礼制，比如说，他曾经在宗庙前演八佾，受到孔子的严厉批评。古时，只有天子祭祀时可以演八佾，一佾是八个人，八佾就是八八六十四个人。天子八佾，诸侯六佾，大夫四佾。也就是说，季氏的地位只能用四佾，但他不管，反正我有钱有人，就演八佾出来。

孔子对此很伤心,因为他把礼制看得很重,如果没有礼,社会就会混乱不堪,上上下下都没有秩序了。一个人只要有钱就为所欲为,那不就乱套了吗?所以,当季氏八佾舞于庭时,孔子愤怒地说:"是可忍也,孰不可忍也!"如果这都可以容忍,那还有什么是不可容忍的啊!可是,面对季氏的骄奢淫逸,冉求却毫无原则地退让、纵容。按照当时的礼制,只有诸侯才可以到泰山祭祀。季氏仗着自己的权势,非要去祭泰山不可。孔子责问冉求说:"你不能劝阻他吗?"冉求说:"我劝不住。"他觉得自己拿人钱财,与人消灾,老板说要怎么做,我一个下属怎么可能阻挡呢?这让孔子很失望。

后来更严重了,季氏竟然准备打仗了。当时鲁国还有一些附庸的小国,季氏准备出兵把颛臾收归己有。孔子很担忧:"冉求,难道这不该责怪你吗?为什么要攻打它呢?你为什么不劝阻你的主上呢?"冉求辩解说:"是季孙想这么做的,我们两个做臣下的都不赞同。"孔子非常痛心:"周任说过:'能够贡献力量,才去就任职位;做不到的话就下台。'看到盲者遇到危险而不去保护,快要摔倒而不去扶持,那么这样的助手又有什么用呢?你的话真是说错了。老虎与野牛逃出了栅栏,龟壳与美玉在柜子里毁坏了,这是谁的过失呢?"其实,在现实生活中,很多人都是采取冉求的做法。找工作不容易,辞职却很简单,但辞职之后怎么办呢?大部分人觉得:我现在虽然做得不是很好,但如果换别人,说不定更糟糕。这种想法一来,就容易妥协了。当然,古代的情况我们今天很难猜测,只能说,孔子认为冉求的才干没有问题,但处世太懦弱。

所以,针对同样的问题,孔子给子路和冉求的答案是不一样的。

有一次，子路问孔子："听到可以做的事，要立刻做吗？"孔子说："不行。父亲、哥哥还健在，怎么能听到可以做的事就去做呢？"冉求又问："听到可以做的事，要立刻做吗？"孔子说："立刻去做。"公西华在旁边听到了大惑不解："老师，你刚刚对同样问题的回答正好相反，这是怎么回事呢？"孔子说："因为子路的个性太强，做事太冲动，所以我让他慢一点；冉求比较懦弱退缩，所以我推他一把。"个性决定，冉求做官大部分时候只是顺从长官的意志，他实在没有魄力和长官抗衡，做不到忠言逆耳。因此，孔子对这个学生越来越失望了。季氏本来已经很有钱了，而冉求还为他敛财，令季氏的财富增加了很多。孔子非常生气，让大家"鸣鼓而攻之可也"。冉求不是我们的同道，大家可以敲锣打鼓去批判他。老师叫同学们敲锣打鼓去批评以前的老同学、老学生，听起来很伤感情，但孔子坚守自己的原则。

做孔子的学生，当然不可能事事让老师满意，因为学生就业之后有自己的考虑。拿人钱财，与人消灾，帮长官做事天经地义，但不能没有原则。读书人做官的目的是造福百姓，这是很清楚的道理。当然，现在听起来会觉得有一点像口号，但这是中国士人自古恪守的观念。孔子率先提倡平民教育，在《论语·先进篇》提到"先进于礼乐，野人也；后进于礼乐，君子也"。先学习礼乐再去做官，是一般百姓；先有个官位再来学习礼乐的，是那些贵族子弟。古时候，普通人要想做官，得先去学习，有了专长之后，别人才会给你官做。但贵族子弟不一样，因为世袭制度，他们生下来就有官位，然后才去读书。孔子接着说："如果选用人才，我用第一种人。"冉求就是这样的例子。孔子之所以难过，是因为冉求好不容易学习礼乐，有了专长，并得到机会做官，但却忘记了为百姓服务的基本原则。儒家怀抱一种淑世的情怀，要改善世界，希望用自己的能力来帮助老百姓，让他们过得快乐，让天下人的生活因为我的努力而得到改善——这是儒家的基本立场。

关于冉求，《论语》里还有一些记载。刚刚我们提到公西华，他和冉求是很好的朋友。有一次，公西华奉派代表鲁国出使齐国，当时冉求负责财政方面的事务，就向孔子报告："公西华要到齐国去当大使，能不能替他母亲申请一些小米？"孔子本来认为没有必要，因为公西华家里很有钱，何必还要给他这么一点好处呢？但冉求是他的好朋友，一定要照顾照顾。孔子只好说："好吧，给他六斗四升。"冉求说："再多给一点吧。"孔子说："那就再给两斗四升。"最后冉求给了他八百斗，几乎是公西华一整年的薪水。事实上，公西华出国的时间并不长。孔子对此很有意见："公西华到齐国去，坐的是肥马驾的车，穿的是很轻很暖的棉袍。"所谓"乘肥马，衣轻裘"代表家里很有钱。接着，孔子说："吾闻之也：君子周急不继富。"君子周济别人的困难，雪中送炭，而不锦上添花地增加别人的财富。这才是儒家的原则。但冉求不管，他逮住机会就给好朋友好处，有假公济私之嫌。所以，孔子认为冉求多才多艺确实很好，但有时手段方法值得商榷。

孔子作为老师，对冉求可谓是谆谆告诫，而冉求的表现却让孔子感慨良多。一个人当学生的时候，可能很纯洁，很听话，但学成在外从政之后，就会有自己的私心和顾虑。所以，季子然请教孔子："请问子路和冉求能不能算作大臣？"古代所谓大臣的"大"，不见得官位高，指的是风范很特别。没想到孔子答说："所谓大臣，是以正道来服侍君主，行不通就辞职。这两个人不能算大臣，只能算具臣。"具臣就是称职的臣子。大臣的标准是八个字,这也是儒家的正统观念——"以道事君,不可则止"。

可见,儒家对于做官的态度很鲜明,做官不是人生的目的,做官是要实现自己的理想,造福百姓。如果理想不能实现,也就是说,不能够改善环境,造福百姓,不能够使我的国君、长官走上正道,那我宁可不做。这就是中国知识分子的骨气、风范,也是儒家两千多年来一贯的原则。然而,这一点在孔子的第一代弟子冉求身上就打了折扣。因此,尽管我们提出向冉求学习做官,但其实有相当一部分是反面教材,要以他为诫。不过,孔子也澄清说,如果让冉求或子路这样的人去弑父弑君,他们是绝不会追随的。

孔子周游列国时,冉求同行。一行人来到卫国,冉求驾车,只见人烟稠密。孔子说:"哎呀!这里人口真多啊!"冉求问:"老师,人口多了之后,下一步要做什么?"孔子说:"下一步就要让他们富裕。"这生动地

孔子再度来到卫国,卫灵公只问战事,不问礼乐,孔子只好离开

说明儒家绝对没有反商情结。后世很多人讨论儒家思想的时候说,儒家有崇高的道德理想,但反对经商发财,这是不对的。孔子的学生子贡就是做生意发了财。孔子主张"富之",就是让老百姓都有钱。民众通过勤奋努力赚到钱,既让自己有更多安全感,又可以用来教育子女,提高生活水平,是好事。冉求接着又问:"那富裕之后呢?"孔子说:"有钱之后就要教育他们。"

这里清楚地分为三个阶段:庶之、富之、教之。让人口众多,让大家发财,并好好教育他们。这三者之间是逻辑关系,而不是时间上的先后承继关系。如果把它们理解为时间上的先后相接,那就麻烦了。比如,你问一个人在做什么事情。他说,我现在努力工作。你说,然后呢?他说,我要赚钱买房子、车子。你再问他什么时候赚够钱?他说,到像比尔·盖茨一样就行了。你再问他如果钱够了再干什么?他说要好好接受教育。那就来不及了,其结果可能变成这个人一辈子都在忙忙碌碌地赚钱,而没空接受教育了。

所谓逻辑关系,就是其发展过程要有一个目的才能被理解。上述三阶段的目的在于受教育。做任何事情的终极目标都是接受教育,人生才有希望。说到这一点,我们再探讨一下西方人的观念。西方哲学很喜欢把生命的历程,也就是从小孩到大人的过程做一个简单的分析,比如,大人是由小孩慢慢成长变成的,那么,之所以能够了解小孩,是因为他将来会成为大人。我们看儿童的时候,不会认为他真的完美,因为他只是一个过程,他要长成大人,而长成大人不见得就是儒家所谓的"大人"。儒家的大人说的是德行完美的人,强调内在的心智。

说到这里,恐怕大家都有点头昏脑涨了,那我们说点轻松的。古往今来，人们一直在争论一个问题，就是先有鸡，还是先有蛋？在哲学上，根据亚里士多德的说法，要了解一样东西，必须以其完美的形式为依据，否则东西本身还没有发展完成，是不可能被理解的。由此而言，先有鸡还是先有蛋问题的答案，当然是先有鸡，否则你怎么知道那是鸡蛋呢？如果先有蛋，那可不一定是鸡蛋，要孵出只鸭子来怎么办？先有鸡，才知道蛋往哪个方向发展；否则，先有蛋，结果鸵鸟出来了。所以，西方哲学的思路方法也可以帮助我们理解儒家思想。

孔子的诸种看法在一百多年后的孟子那里表达得更加透彻。孟子全盘了解孔子的思想，然后加以发挥。他讲过一句很精辟的话："有恒产者有恒心。"什么叫恒心？一生坚持努力行善就是恒心。如何才能有恒心？有恒产之后才会有恒心。如果吃也吃不饱，穿也穿不暖，还有什么心思去行善？如果每天吃饱喝足，丰衣足食，并了解了做人处事之道，明白什么是光荣，什么是耻辱——行善就是光荣，为恶就是耻辱，所以我要行善。孟子动不动就说禽兽，初时还以为他骂人，其实不是。他只是在强调人类与动物的差异——人是动物，但不仅仅只是动物。孟子说："吃得饱饱的，穿得暖暖的，如果每天这样却不受教育，那就接近禽兽了。"

那么，人应当接受什么样的教育？现在社会上的教育往往是分门别类的，分为各科各系。有些人甚至念到博士，越念越窄。我理解的博士应该叫"窄士"，因为他写的论文可能世界上只有几十个人看得懂，感兴趣。其实，我们应该把人的生命做一个全方位的考量——人才、人文、人格三方面都具备的考量。儒家讲人格教育的时候，是以真诚为起点，引发内在的力量去行善。每个人都是一个道德主体，有行善的要求。西方人谈道德教育的时候,喜欢进行对比分辨。一件事情该做是因为它对大家都有利,这样的思路其实是效益主义的。比如,坐公交车要排队,因为排队对大家都有利,能保证大家都顺利上车,所以排队是好的,应该的。如果你不排队,大家乱糟糟挤在一起都上不了车。"应该"这两个字是从对大家有利的角度来说的。通常,我们在判断事情的好坏时,都会说:"这对大家是否有利呢?"有时候,对大家有利的事情,对少数人就有害了。比如,这边建一条高速公路,那边建一个垃圾场——垃圾场不能盖在我家后院,我不能接受;那如果盖在别人家后院,别人为什么就要接受呢?所以,从效益主义的原则来看,多数人有时会压制、欺负少数人。

另一种道德比较重视义务,也就是只问我该不该做,这反映了对规则的尊重。我常常举一个例子,不少商店门口写着"童叟无欺",这可以有两种理解:一,为了效益,童叟无欺是一种手段,能使生意长长久久;二,做生意就应该童叟无欺。我想,大家听到第二种理解都会肃然起敬,觉得真的很高尚。一个人做好事,只因为它是好事才做,而从来不考虑这件好事会给我带来什么,这才是真正的高尚。不过,这种高尚实际上有点强人所难,有违人情。谁做事的时候会忘记考虑是否对自己有好处呢?但西方学者偏偏就把这一点放在了儒家身上。他们认为儒家思想很高尚,而且是为了高尚的目的去做的。君子所了解的是道义,小人所了解的是利益,就这么简单。但如果这样一刀切,把喜欢利益的看成效益主义,把喜欢道义的当做君子,儒家所推崇的君子岂不是永远很辛苦吗?不要忘记,儒家思想重视整体的和谐。关于利和义,儒家有一句话叫"见利思义":只要是我该得的就接受,明明是由于我的名分、我的努力得到的结果,我为什么不要呢？你如果不要,别人怎么办呢？所以,在儒家理念中,利和义不一定是冲突的。

日本有个学者写了一本书叫做《论语与算盘》,在日本有一段时间很畅销。《论语》代表原则、道义,算盘代表利益,要把这两者结合在一起才能建立正常的商业社会。否则,如果只讲《论语》,很多人会觉得有压力,不能计较什么利益;如果只讲利益,就一定不谈仁义、道德吗？也不一定。因此,人活在世界上就要设法在两者之间保持一个适当的平衡。人都有利己的倾向,这也不是坏事。英国哲学家大卫·休谟讲过一段话,意思是说:一个人做好事,不见得是为了得到别人的称赞,但他没有必要反对别人的称赞。比如,我今天做好事,别人称赞我,我说:"我不要别人的称赞,我只为了我该做而做。"但你要称赞我,我不反对,并且你称赞我之后,我得到了鼓励,下次会继续做好事。所以,尽管一个人做好事的目的不是为了得到称赞,但称赞会使他更愿意做好事。学西方哲学的人都知道,英国哲学家的境界不是很高,也没有出过大哲学家,主要是因为他们比较重视实际生活情况,但也因此比较实用。德国有很多大哲学家,观点高屋建瓴,但有时却高到让人不知道该做什么。

以利玛窦为首的很多西方传教士都来过中国。四百多年前,利玛窦到中国传播天主教,结识了很多中国学者。他特别写了一封信给罗马教皇,说我来到一个国家叫做中国,中国有很多读书人很特别,他们并不相信上帝,但却有很高的道德水平。为什么他这样说呢？因为西方人在经过基督宗教的熏陶后,很多人形成了一种基本信念:做好事是因为信仰上帝。宗教成为道德的基础。因此,西方人到中国发现中国的读书人并不相信上帝无所不在，上帝无所不知，却照样做好事，于是感到很奇怪。其实，其中的关键就是《大学》、《中庸》里的两个字："慎独"。一个人独处的时候，尊重自己的人格，认为我的人格不能只表现给别人看而已，在独处的时候同样有它的尊严。这时，人自然而然会有高尚的道德表现。

儒家思想激励人行善，不是为了死后的善报，也不是为了别人的称赞，而纯粹是由内而发。所以，学习儒家要特别注意到它对人的要求。一个人为什么行善避恶？只有三个理由：第一，社会规范。社会只有建立了规范，才能安定，才能正常运行。但如果社会慢慢瓦解了，别人无法从外面管你了，怎么办？第二，宗教信仰。任何宗教都有戒律来提醒信众行善，而且，宗教戒律通常比法律更为深刻，更为深入，更为严格。如果前面两个理由都出了问题，那还有第三条路：诉诸自己的良知。良知是对善的要求，儒家教育就是启发每一个人内在的良知，让人意识到内心对善的要求——我行善不是为了别人，不是为了外在的社会规范，不是为了宗教信仰，而是因为我是一个人，我的良知要求我这样做，我只要遵循这种力量，让自己做该做的事，人格的尊严就完全确立了。但要特别强调最后一点，儒家思想基本上是包容性的，一方面要有良知；另一方面还要遵守社会规范，守法而重礼。如果你有缘接受宗教，也是好事，宗教也是劝人为善的。但儒家的根本在于承礼起仁，这是最大的动力。

上面以冉求为基础所做的引申说明：冉求很有才华，多才多艺，在这方面甚至可以与孔子媲美；但是，他做官之后，没有想办法帮助老板季氏改善德行，结果就留下了许多反面教材。所以，我们今天谈到坚持儒家原则，要在教育方面下工夫，真正的教育不是教育别人，是教育自己。今天这个时代非常开放、自由，只要你愿意接受教育，就有很多机会，但是要记住，关键在自己身上。冉求的事例告诉我们，道德的实践、主体的确立、人格的尊严是多么重要。我们在社会上不管碰到什么样的同事、什么样的领导，人与人之间都要尽忠职守，恪尽职责，但也要坚持原则。

第六讲 向宰予学习辩论

在孔门弟子中，宰予是很特别的一位。

宰予又名宰我，是鲁国人，比孔子小二十九岁。孔子说过，"以貌取人，失之子羽"。子羽就是澹台灭明，据说他长得很丑陋。孔子初看到他时，认为这个学生应该不会有什么特别表现，后来发现他居然很不错，所以总结不能以貌取人。下一句话就是，"以言取人，失之宰予"，说的就是我们这章的主角——如果一个人说话很动听，就以为他是一个人才，那你恐怕看错了。

宰予的口才特别好。我们谈到孔子的学生分为四科，其中，在言语科里面，宰予排第一，子贡排第二，所以，我们要向宰予学习辩论。孔

宰予像

子不是不太赞成辩论吗？他认为，人不需要口才太好，但是一定要有仁德。不过，宰予这个学生非常聪明，以至于说出来的话经常得到孔子的高度重视。在《论语》中，宰予总共才出现了五次而已，这么少的材料，怎么才能了解他呢？这就要花一点功夫了。五次中有一次提到宰予列在言语科，只是排个名字而已，什么都没讲，不过，把他放在言语科的第一名足以让人吃惊了。子贡是孔子最喜欢的学生之一，但是在言语科的排行中，他被放在了第二位；孔子常教训宰予，可是宰予却位居第一，可见，孔子这个老师很公平，他打分数时没有偏见，不涉及个人好恶。

宰予常常听到老师说，要做一个仁者，要行仁。宰予不太懂，因为孔子是第一个把"仁"这个概念充分发挥运用，并将之作为人生发展目标的。可是，仁者到底是什么样呢？老师说，仁者很伟大，可以杀身成仁。所以，宰予有一次故意问：老师，假设有一个仁者，你告诉他井里有仁可取，他会不会跳下去呢？孔子不高兴了，他说："怎么会这样做呢？你可以让君子过去，但不能让他跳井；你可以欺骗君子井里有仁可取，却不能诬赖他不明事理。"跟君子说井里有行仁的机会，他就会跳井吗？跳井显然是送死，怎么可以把君子看得这么笨呢？仁者同时兼有智慧。宰予问的是仁者，孔子回答的是君子，因为君子是仁智并用，仁智并举的。他对宰予的回答说明，他觉得这个学生不但缺乏诚意，而且提出的问题故意设陷阱来嘲笑人家，孔子当然不满意了。

还有一段故事就是很有名的"宰予昼寝"，宰予白天跑去睡觉了。大家也许想不通，白天睡觉有什么严重的?! 我中午也睡午觉，难道也要被骂吗？古代与今天的情况不一样。古时候没有发明电灯，一般人都是日出而作，日落而息，太阳一出来，天亮了就开始工作，太阳下山了就回家休息。晚上既然得到了充足的睡眠，白天就不应该睡觉，除非你生病，要不然的话，就应该认真读书。可宰予大白天去睡觉了。这下孔子找到机会了，骂得很难听："子曰：'朽木不可雕也，粪土之墙不可圬也。于予与何诛？'"枯朽的木头不能拿来雕刻——孔子把宰予说成是不可雕的朽木。"粪土之墙"指的是用很差的土垒成的墙，凹凹凸凸，怎么抹都抹不平，再怎么粉刷也没用。也就是说，内心没有真诚的心意，只做表面的功夫，那是没有用的。

接着，孔子说了一段现在经常被引用的话。他说，我以前对人，听到他说什么话就相信他会这么做，现在我对人不一样了，听到他说话，还要观察他的行为，就是"听其言而观其行"，我就是因为有了宰予这个学生才改变的。这说明，孔子以前蛮天真的，学生说什么他就信；再加上宰予口才很好，他说，老师我要做一个君子，我要做一个圣人，孔子就特别相信他，被骗得团团转，后来才发现这个学生光说不练，说得好听，根本做不到，孔子才开始从"听其言而信其行"转变为"听其言而观其行"。

宰予后来做官了，有一次鲁哀公问他，什么是"社"？社就是土地神。古代建邦立国都要立社，以其都城地区适合生长的树木为社主。结果，宰予开始卖弄自己的学识，他说，夏朝人用松树，商朝人用柏树，周朝人用栗树。每一种树都有特定的含义：夏朝用松树，意思是宽松，那时还是比较原始的时代，对老百姓比较宽松；商朝人用柏树，柏的谐音是博，意思也是不要太严格了；周朝用栗树，"使民战栗"，让老百姓很紧张，很害怕。宰予的意思是，希望鲁哀公能够用武力重新统一国家。

孔子知道之后不太高兴，讲了三句话："成事不说，遂事不谏，既往不咎。"我们现在用的成语"既往不咎"就出自这里。孔子的意思是，已经过去的事就不要再解释了，已经过去的事不能再劝阻了，从前的种种也不能再责怪了。孔子是在提醒宰予，不要自作聪明、耸人听闻地鼓动国君采用武力，或是一些可怕的手段来解决问题——你怎么能说周朝人以栗木为社是让老百姓害怕呢？看来，宰予的学问还是不错的，但是，这样回答国君会造成负面的效果，给老百姓带来灾难，所以孔子对他有意见。

在以上四段关于宰予的故事中，宰予在三段里都受到孔子的批评。这个学生一出场就是要挨骂的，可以说是一个典型的反面教材。但是，宰予真正精彩的一面出现在最后一段记载中，他可真是一个辩论高手啊！如果你学会宰予这方面的才能，跟别人讨论问题时，肯定大有表现机会。此外，正是这段故事，使我们有机会把孔子的思想从头再检验一遍——这就是有关"三年之丧"的讨论。

宰予听到老师常常提到三年之丧是一种非常好的传统，他很不理解，并提出质疑。他说，老师，三年之丧太长了。理由有两点：第一，君子三年不举行礼仪，礼必然荒废；君子三年不演奏音乐，乐必然崩坏。这个理由很充分。守丧三年不能行礼作乐——按照荀子的说法，以二十五个月为三年——三年不行礼的话，礼仪的细节大概都忘记了；三年不演奏音乐的话，手会生疏，有可能琴都不会弹了。对于人文世界来说，三年确实太长。因为礼乐需要操作、实践，有一个熟练的过程，二十五个月不去碰的话，说不定就忘记了。

第二是从自然世界来说。宰予说,旧稻米吃完了,新稻米也已收获;取火的燧木轮用了一遍,所以守丧一年就可以了。古代山东地区与现在一样,粮食作物一年一熟。此外,古代人没有燃气炉,他们钻木取火,而且,一年四季分别用四种不同的木头取火,轮一次就是一年。这么说来,一年是自然界的正常周期,所以,守丧一年就够了。即便到今天,宰予的话听起来还是很有道理的。他从人文世界和自然界两个角度出发,想出互相配合的论据,然后找到一个交集、公分母,顺理成章地提出自己的论点——守丧一年就够了。乍一看,宰予的观点很难被驳倒。

　　大家不妨换位想想,假如我是孔子,该怎么反驳宰予? 是不是要追问,你做过调查吗? 做过试验吗? 三年不行礼乐,真的礼坏乐崩吗? 恐怕因人而异吧,有人也许四年不行礼乐,依然记忆犹新呢! 一旦做这种社会调查的话,就很难得到定论。达到多少百分比才算礼乐崩坏? 这个百分比对多大范围的人群适用? 比如说,有一条高速公路,发生车祸的概率是百分之十。那你开车经过的时候会怎么想? 反正车祸的概率只有百分之十,我只要用百分之九十的谨慎就没事儿了! 可是,如果发生车祸,就是百分之百啊。安全是百分之百,车祸也是百分之百。所以,社会调查很难达成共识。山东地区的农作物一年一熟,可别的地方兴许一年两熟或三熟呢! 现代人用燃气炉或电炉,怎么去按照钻木取火的周期计算一年的时长? 所以,宰予的论据都是相对的,可商榷的。但孔子不跟他辩论社会规范的有效性,或者是其普遍性,而是直接把问题的焦点转到人的内心。孔子问他说,如果不守三年之丧,守了一年之后就"食夫稻,衣夫锦"——吃的是白米饭,穿的是锦缎衣,也就是吃得很好,穿得很好,你心里安不安?

社会规范是根据人的心理需求设定的,反映了人类最真诚的情感,所以,孔子其实是返朴归真了。但是,这一下反倒出了问题,因为一个人心里安不安,是主观的看法,没有标准答案。孔子问宰予,你心里安吗?他本来很希望宰予说,哎呀,老师,我确实没想到这一点,感谢老师的指点,我错了。这样回答就是好学生。但是,宰予没有。他居然理直气壮地说,安啊。这下糟糕了,给你做好学生的机会你不要,你就非要辩论得胜吗?你与老师的辩论并不仅仅是口头辩论而已,还牵涉到生命的发展、社会的规范。

为什么宰予不应该说"安"呢?原因有两个。首先,如果在宰予请教老师问题的时候,他的父母还健在,他怎么忍心说"安"呢?他的父母听到后能不生气吗?怎么我这个孩子跟老师说,父母过世一年,他就心安理得地吃得好,穿得好?他父母一定很伤心。假设当时宰予的父母已经过世的话——当然,这已经不可考了——那就足以说明,宰予在为父母按制守丧的时候,一定是心不甘,情不愿的,说不定在背地里做了很多违反礼制的事。所以,老师追问你心里安不安,是不好轻易回答的。但是,宰予为了辩倒别人,张口就说"安"啊。孔子没办法了,只能说,你心安你就去做吧。

接着,孔子讲了一段话:君子为什么守丧三年?因为亲人去世了,君子内心悲痛,吃好的不觉得好吃,听音乐不觉得好听,住舒服的地方也不觉得舒服,所以,他不愿意在三年之内享受这些事。守完三年之丧后,他才恢复过正常的生活。孔子在最后加了一句,"今女安,则为之"!既然你心安,就去做吧!宰予看见老师变脸了,赶紧离开教室。

古时候上课的形式很简单，没人点名，也不算学分，更没有什么学位，所以，宰予看见孔子生气了，赶紧避出去了。

　　宰予走后，孔子在背后继续批评他。可见，在学生背后骂学生是从孔子开始的。不过，孔子的目的不是骂学生，而是借机教育其他学生。孔子说，宰予真是不真诚！接着又深入讲解道："子生三年，然后免于父母之怀。"我年轻的时候读《论语》，这句话让我特别感动。这十二个字是什么意思呢？小孩生下来之后，经过三年才能离开父母的怀抱。这十二个字描述了人类成长的心理和生理状况。幼儿对父母有强烈的需求，三岁之后才能离开父母的怀抱。我们都知道，古代男女是分工合作的，男主外，女主内，妈妈在家带孩子。孔子身为男人，却也能够了解小孩子三岁才能离开父母的怀抱。他观察得如此仔细，这说明哲学是不能离开生活经验的。要不然，一套哲学听起来不错，却毫无可行性，那到底是谁的哲学？

　　我以前看过一些美国的心理学研究报告，其中的一篇谈到，美国有家医院收容了很多弃婴。美国的社会福利办得很好，有医院专门收容这样的孩子，负责提供吃喝。这家医院里有大约五十名弃婴，小孩们都是目光呆滞，面无表情，了无生趣。医生和护士也都习惯了。不料，有一个孩子特别奇怪，见人就笑，好像很高兴的样子。医生和护士都是受过科学训练的，发现特别的现象，就立刻装上闭路电视观察他，看看这个孩子为什么跟别人不一样？都是弃婴，他为什么这么开心呢？一定有秘密。一个星期之后，大家发现，每天下班的时候，有一位到医院扫地、收垃圾的老太太经过这个小孩的旁边时就陪他玩半个小时，也没有什么目的，纯粹是老人家看到小孩可爱，跟他玩儿。于是，这个小男孩就跟别人不一样了。他能够"出乎其类,拔乎其萃"的原因就因为每天有半小时有人关心他,就这么简单。看到美国人的研究报告,我们不得不感动于孔子的智慧。每个人能够正常成长,都要感谢父母对我们的关怀和付出的心血。

另一家美国医院也进行过类似的试验。他们把一些小孩分成了两组,第一组孩子每天由固定的护士照顾;第二组小孩每天换人照顾。结果,半年下来发现,由固定人员照顾的孩子,其智商发展比第二组换人照顾的孩子快一倍。每天由固定人员照顾,小孩就会有安全感。他每天看到同样的脸,就觉得很熟悉、很放心。另外一组小孩每天换人照顾,天天看到的脸都不一样,小孩缺乏安全感,智商就很难发展。可见,人的智力发展程度和各方面的健康,都是父母长期培养的结果。

上述科学研究结论说明,人出生之后有一个漫长的幼儿依赖期,这才是我要强调的重点。什么是幼儿依赖期?我们举个例子说明。有些人家里养宠物,我就拿猫做例子。猫的平均寿命是十二年半,人的平均寿命假定是七十五岁。那么,三年只占七十五年的二十五分之一。猫可以活十二年半,其寿命的二十五分之一是六个月。我们把三岁的小孩与六个月的猫比较一下,就知道差别有多大了。没有人可以轻易抓到六个月大的猫。半岁的猫跑得很快,而且,如果营养充足的话,都可以繁育下一代了。但是,三岁大的小孩,你叫他跑,他能跑到哪里去,走路都不太稳呢,有些孩子甚至三岁时还不会说话。据说,明代大思想家王阳明五岁还不会讲话。所以,人类的幼儿是最脆弱的,需要父母的长期照顾。

我们也知道,很多野生动物出生后就有很强的生存能力。比如,非洲的野生斑马、羚羊、鹿。一只雏鹿如果在生下来四十分钟之内不能跑的话，就无法存活了，周围的狮子、野狗都虎视眈眈伺机而动呢。一只小斑马生下来半小时左右就要能跑，否则就被自然淘汰了。这就是物竞天择，适者生存啊！人类在这方面是最脆弱的，有最长的幼儿依赖期，幼儿与父母有深刻的情感互动。于是，我们从生理需要出发推及心理，再以心理为依据构建伦理规范。伦理就是社会上大家都应该遵守的规矩。

　　这就是孔子对人性的看法。我们要感谢宰予这个坏学生，如果没有他对老师的质疑和辩驳，我们就无法厘清孔子的思想逻辑。就因为宰予这个学生喜欢思考、喜欢辩论，而且辩论的时候论据非常充分，才让孔子有机会充分阐述了对人性的看法，否则，我们就无从知道他的具体想法了。当然，如果有人跟宰予是亲戚，千万不要怪我说他是坏学生。有时候，即便我用比较平和的语气评价孔子的学生，都有人抗议。我批评曾参，姓曾的就跑来找我抗议说，你把我的祖先讲成如何如何，怎么可以?! 无论是古代人，还是现代人，都有各自的成长经验。每个人都有年轻不懂事的时候，然后才慢慢成长，我只是根据文献记录试图还原当时的情况而已。

　　今天，我们能很清楚地说，孔子分析人性是从生理到心理再到伦理。儒家讲伦理，主张人要有五伦"父子有亲，君臣有义，夫妇有别，长幼有序，朋友有信"。五伦是怎么来的?"伦"来自人心理上的情感需求。心理上的情感最后都可以归结为生理关系，其中最重要的两个是孝悌，就是所谓的孝顺与友爱。友爱是指兄弟姐妹之情。儒家把孝悌作为做人处事的根本，是因为人有最长的生理上的幼儿依赖期。在这个阶段,孩子与父母的亲情互动是非常深刻的。这是天生的,无法改变的。如果做不到这一点的话,就不像人了,因为没有人能够无人照顾,独立长大。

这也反映出儒家对人性的看法。我长期以来一直强调,儒家的观点绝不是人性本善,而是人性向善。稍微学过点哲学,懂一点逻辑的话,你就知道,人性本善是不能成立的。各位想想看,首先,儒家文献中说过"本善"吗?谁见过本善的人?大家都没有见过吧。连孔子自己都说:"圣人,吾不得而见之矣。"圣人,我没有机会见到啊,"得见君子者,斯可矣",能够见到君子我就很满意了。紧接着,下面一句话是:"善人,吾不得而见之矣,得见有恒者斯可矣。"孔子不但没见过圣人,连善人也没见过。所以,千万不要以为孔子觉得每个人都是好人,没那回事。恰恰相反,孔子对人性的理解非常平实客观,完全是以生活经验为基础。他甚至很清楚地说,"君子有三戒",要成为君子,必须在三方面多加小心:"少之时,血气未定,戒之在色;及其壮也,血气方刚,戒之在斗;及其老也,血气既衰,戒之在得。"换句话说,无论是在青年、中年,还是老年阶段,人只要活着就要小心谨慎,因为人的身体内有血气,就是本能、冲动、欲望,所以要处处小心,避免走偏了,做错了,时时刻刻保持警惕。这就是人生修养不能停止的原因。人必须不断地自我检讨、自我努力,绝不能说多少岁之后就没事儿了。

其次,我们再从逻辑上来看。逻辑就是给你一个前提,你能合情合理地推出结论。我们假设人性是本善,就会面临一个问题:善恶是怎么回事呢?善恶需要一个前提,就是自由。一个人有自由,才可能行善或是为恶。现在给你自由,你能保证自己行善吗?不一定。一旦有了自由，你可以行善，也可以为恶啊！因此，自由不能保证人行善，本善的说法是没有意义的。这就是所谓的逻辑上不能成立。

我们再进一步，不谈哲学推理，回到原典，再看看宰予问三年之丧这段文字。显而易见，孔子并不认为人性本善，他强调的是，心安不安。这才是关键。可是，心安不安，有时候很主观。但是，如果以父母为对象的话，心安与否就具有普遍意义。那就是，任何一个人如果让父母伤心，让父母难过，自己心里都会不安。大家从小的生活状况、情感变化都跟父母的遭遇、父母的处境是一致的。所以，儒家强调，孝顺是做人第一重要的事，"百善孝为先"。其理由就在这里。然后，我们以此为基点，推广出去，"老吾老以及人之老"。

儒家很实在，谈到人的生命从直接的互动开始，渐次推广到天下人。如果立刻要求一个人关怀全天下人，这是强人所难，多数人都做不到。但是，从照顾自己的家人、亲戚、朋友、同学开始，然后再慢慢地推到其他人，则不难接受。这其实就是人性向善的观点。

"向"代表力量。一个人有没有力量，就要看他是否真诚。如果真诚的话，力量由内而发；如果不真诚的话，就没有力量。我坐在公交车上为什么要给老人让座呢？因为我的老师在车上看着我，所以，我让座给老人家；父母看着我，我让座给老人家。如果老师与父母不在身边，我就不一定让座了，先上车先坐，别人关我什么事？这就是不真诚。如果真诚的话，车上有没有人认识我根本不重要，重要的是力量由内而发，快乐也由内而发，这就是儒家思想最精彩的地方。你要怎么样得到快乐？真诚。真诚的话，内心坦然，问心无愧，这个时候快乐由内而发，外在的结果则是不考虑的。你说，我现在做一件好事，别人感谢我，我才快乐。是这样吗？不一定。如果别人不感谢，你就不做好事了吗？这不是因噎废食吗？人做该做的事，就对得起自己，内心自然觉得快乐、安宁。这是儒家思想最重要的地方，由真诚引发力量，指导人去做该做的事。力量叫做"向"，该做的叫做"善"。

西方学者很喜欢强调"善"是不能定义的。他们有他们的道理。比如，有人问你什么是善？你说，就是恶的反面。那么，什么是恶？它是善的反面。善与恶要互相定义，这样一来，不就是循环定义了？这里，我们采用列举的方式来定义"善"。就是说，你不知道什么叫善，我给你举例子来说明哪些是善。你如果请教孟子，孟子就会告诉你四个字：孝、悌、忠、信，它们叫做善。天下没有人反对的。孝是与父母之间的适当关系，悌是与兄弟姐妹之间的适当关系，忠是与老板之间的适当关系，信是与朋友之间的适当关系。

我想大家听得很清楚，我特别强调的是，每一种善都是与特定的人之间的适当关系。我常常强调，如果一个人关起门来在家里，就不存在善恶问题。比如，大家可能读过《鲁滨逊漂流记》。流落到荒岛上的鲁滨逊是好人吗？说实在的，他想做好人也做不到。那么，他是坏人吗？他害谁呢？他做坏人也做不了。有些人说，鲁滨逊是好人，因为他给一只受伤的鸽子包扎伤口。你看，他对鸽子都那么好，一定是好人。可是，第二天，鲁滨逊肚子饿了，荒岛上没东西吃，就把鸽子烤了。那他因此就是坏人了吗？考虑到当时的情况，恐怕你也不忍心这样讲啊。所以，一个人独处的时候只存在一个问题——你是活人，还是死人？只有在与别人接触的情况下，才出现好人与坏人的问题、善与恶的问题。所以，善恶不能离开人与人的互动。也有人说，这样讲太狭隘了。在现代社会里，儒家思想应该再开阔一点，将人与动物平等对待。我觉得没有这个必要。动物毕竟不是人，如果为了照顾动物而伤害到你，你愿意吗？答案无疑是否定的。

　　我们还是用孔子的故事来进一步阐述。孔子在鲁国做过五年官，期间，有一天下朝回家，家人跑来报告说，马厩失火了。孔子只问了一个问题，有人受伤吗？根本没有问马有没有被烧死。当时，马匹是非常贵重的财产；而在马厩工作的马车夫、清洁工、佣人则是身份低微的下层百姓。但人毕竟是人，下层百姓也照样人命关天；马匹再怎么贵重，也不能与人相提并论。这就是儒家的人文精神。孟子说得更清楚，他分了三个阶段——"亲亲而仁民，仁民而爱物"——先照顾自己的亲人，然后照顾天下人，心有余力再来照顾万物。我们没有必要随便伤害动物，但是也不能因为爱护动物而要求大家都吃素。

在鲁定公时，孔子被任命为大司寇，就是主管司法的最高长官

儒家思想很明确，人活在世界上有差等，由内推到外，慢慢地扩展出去。儒家的人文主义就是把人作为目的，而不是把人当做手段来利用。儒家人文主义会不会特别照顾动物呢？或是特别伤害动物呢？他们暂时不考虑这点，而是以人的需要为主。孟子的一段话非常清楚，他告诫当国君的人千万不要"率兽食人"，不要带着野兽来吃人。孟子生活在战国中期，天下更乱了。国君们沉湎于享乐，并征战不已，老百姓更苦了。孟子见过梁惠王，也见过齐宣王，并跟他们说，你们这些国君，厨房里有肥肉，马厩里有肥马，但是大路上却有人饿死，这就叫带着野兽来吃人啊！你们把粮食给猪吃、给马吃，百姓反而饿死了！这种批判就是出于儒家的人文主义，也可以称作人道精神。

那么，到底什么叫善？善是人们之间适当关系的实现。只有抓住了这一点，我们才能理解孔子的理想。天下人都知道，孔子的理想就是"老者安之，朋友信之，少者怀之"这十二个字。寥寥十二个字其实很不容易做到，也没有人做到过。它代表了一种理想，这个理想的背后是一套哲学。因为人性向善，而善是我跟别人之间适当关系的实现——除了自己之外的其他人都是别人——所以，如果我是儒家所说的真正的君子，我这一生只有一个志向，那就是靠我个人的力量，为天下人服务，使老者可以得到安顿，朋友们都互相信赖，青少年都受到好的照顾。这就是孔子的志向。从孔子的志向反推，就可以知道他对人性的看法，就可以知道他是一位伟大的哲学家，是一以贯之的思想家。

如果宰予没有提问，孔子不会把伦理、心理、生理整个系统说出来，不过，其实践中的难点在于，大家都是在长大之后才读到这些。这时，人已经在生理上独立了，但是，还应该在心理上经常记得父母的恩情，所以，心理是关键。我常常劝年轻朋友，有空回家翻翻照相簿。看看自己生下来在父母怀中、襁褓中的样子、上幼儿园的样子、小学毕业的样子、中学毕业的样子，一路下来才知道，在自己的成长过程中，父母的恩情真是比山还高，比海还深啊！所以，孝顺就是一个人天经地义应该做的事。

现代人常常引用《三字经》的"人之初，性本善"。这其实是宋朝学者的看法，曲解了孔孟的原意。宋朝学者是在佛教渐渐盛行的历史背景下讲"人之初，性本善"的。佛教盛行之后讲性空，缘起性空，性是空的，就是没有自我，无我，也没有别人，就是说，你不要执著。佛教主张把自我看成空的东西，希望人觉悟。面对佛教的浩大声势，儒家学者们开始担心了，于是想办法回应。既然佛教讲性空，那我们只能讲性实，实在的"实"。那"实"的本质是善，还是恶呢？当然是善的，因为孟子说过"性善"两字。于是，性善的含意似乎是说，人具有某种善的本质。而且，宋朝学者一旦落在了实处，就忽略了先秦儒家认为人性是一种活泼泼的力量，是盎然的生机的观点；也忽略了孟子所说的"诚者，天之道也。思诚者，人之道也"。

人与动物的差别在于，人是唯一可能不真诚的生物。其他宇宙万物不存在是否真诚的问题，春夏秋冬四季轮回，自然的就是必然的，但是，只有人不一样，因为人有自由。人不真诚有时候也是无可奈何。我上班要扮演我的角色，我做事要按照上级的要求，那是我愿意的吗？有时候恐怕连自己都搞不清楚。因此，做人首先就是要让自己真诚，然后力量就由内而发，自己要求行善，这就是人性向善。如果以性本善来解释的话就麻烦了。性本善，那恶是怎么来的？

孟子讲到人性向善时，用了几个绝妙的比喻来阐发。他说，人性就像水向下流、火向上燃、野兽在旷野中奔跑。显然，这是用动态来形容人性，说明人性是一种力量，代表一种趋势。《孟子·告子篇》说，水向下流的时候，用手撩起可以让水高过额头，用管子引导可以把水引上高山。外在的力量可以改变水的本性，使之倒流。其隐喻是，人的本性是要行善做好事的，但是外在的力量太大了，使其本性扭曲变化，所以要通过适当的教育，合理的社会制度，让人性顺其自然表现出来，行善避恶。总而言之，儒家认为人性是向善的，只要不创造作恶的机会，进行正面的引导，人自然而然就会行善。

儒家思想最精彩的部分就是把人性看做是动态的。人随时都可以真诚，只要真诚，力量就由内而发。所以，每一个活在世界上的人都充满希望，因为你只要真诚，就能找到人生的正路。但是，人通常会为外在的利益而不真诚，到最后发现自己得到的越多，失去的也越多。用西方的一句谚语来说就是：耶稣说，你得到了全世界而丧失了自己的灵魂，对你有什么意义？耶稣是宗教家，他的意思是，即便昧着良心赚了很多钱，得到了全世界，也是没有意义的，因为你丧失了灵魂，丧失了真正的自我。人可以放弃全世界而一定要保全真正的自我，守住自己的灵魂。做到这一点，就宗教而言，可以升入天堂；就儒家而言，心安理得，当下就是最大的快乐。

所以，宰予所引发的孔子对人性的论述确实是我们了解儒家思想的切入点。如果人性是动态发展的，真诚就是关键所在，也就是孔子说的"安不安"，孟子说的"忍不忍"。西方也有类似的观点。古希腊哲学家苏格拉底接受法庭审判时，在自我辩护词中特别提到一点说，自己从年轻的时候起,每当做坏事,就会有声音提醒自己。他把这个声音称作"精灵的声音"。别人说,你是不是装神弄鬼啊?哪里有人想做坏事,就有精灵时刻警告的?其实,"精灵的声音"就是良心的声音,每个人都有,只是苏格拉底觉悟到了并且讲得比较形象化。

大部分人做坏事的时候,心里都会觉得不好意思。这就是良知的觉悟。如果你不理会它继续做的话,就好像孟子说的,牛山之木发芽了,就把它砍掉,"旦旦而伐之",天天砍伐,最后山就秃了。人也一样,良知每次刚刚萌动就被扼杀,慢慢的人就走上了邪路,好像从来没有做过好事似的。相反,如果随时接受良心的忠告,不昧着良心做事,久而久之,内心的浩然之气就像牛山的树木那样异常繁茂。

我们把儒家思想与西方的宗教家或哲学家相参照,往往能够得到一些重要的启发。儒家经典绝对不是唯儒家独尊,也不是强迫大家接受一些教条。我教书三十年了,时常会有学生不动脑子的抱怨弄得我啼笑皆非。比如,有学生跟我抱怨说,老师,我本来觉得活得蛮轻松的,可是,听了你的课后知道人应该孝顺,觉得很麻烦,早知道就不要听了。他的意思是说,没听你的课以前,我浑浑噩噩过日子也没什么压力;听了课之后,内心就感到非孝顺不可,真是个大负担。竟然好像是谁听课谁倒霉啊!他居然认为,孝顺是一种压力,是一件很辛苦的事情。其实,他错了。如果你真去孝顺,看到父母快乐,就会发现自己也很快乐,而且是发自内心的、最深刻的快乐。这才是儒家精彩的地方。

孝顺当然很累。做任何好事都要花费精力、体力,都很累,但是,如果这个累是你自己真心诚意自愿的,它反而是一种快乐。人活在世界上,有些事无论做不做都一样过日子,但是,你做了某些该做的事,快乐就会由心而发;不做的话,好像很轻松,但是,久而久之你就会发现自己的人际关系越来越差,交际圈越来越小。到最后,你会觉得,这一生得到的再多,内心也无法平静。

最后,我们再讲一段宰予的故事。楚昭王曾经邀请孔子到楚国去。说到楚昭王,很多人都很奇怪,他为什么称王呢?鲁哀公、齐景公这些人都称公,楚国国君为什么称王?因为楚国国君认为,你周天子称你的王,我楚国在南方,不受你管,我也称王。这样的话,楚国官员就比其他各国的同级官员高了一级。

楚昭王想请孔子去做官,孔子就先派宰予去查看情况。宰予口才很好,也清楚老师的想法,于是就代表老师跟楚昭王谈了各种理想。楚昭王很满意,要送给孔子几辆非常华丽、贵重的马车。结果,宰予说,我们老师要的不是马车,我们老师所关心的是理想能不能实现,所关心的是老百姓能不能得到照顾。所以,如果你真打算任用我们老师,并切实贯彻他的思想,他会很高兴,就是走路来也愿意,你用不着给他豪华的马车。

这段话讲得真好,也得到孔子的夸奖,说宰予的口才终于用在了正确的地方,能够非常得体地与国君答对。因为国君往往喜欢赏赐属下物品。你讲得很有道理,好,送你一辆马车。可是,这一次,宰予明确说,你不要给财物,我们希望的是得君行道,照顾百姓。如果能实现这个理想,我们老师不在乎个人财物的得失。

《孟子》里也提到宰予。据孟子说,宰予居然评价孔子说,在我看来,老师超过尧、舜太多太多了。各位想想看,连孔子自己都不敢这样讲啊！孔子、孟子都说，尧、舜了不起啊！他们是伟大的圣贤，内圣外王全都做到了。但是，宰予居然说，我们老师孔子远远超过了尧、舜。这话是不是太夸张了？

我觉得宰予是有道理的。因为尧、舜的时代是部落社会，规模小且原始落后，所以，尧、舜能做的事情非常有限。他们自己是好人，也是很好的统治者，称为尧天舜日，但是，他们面临的情况远不像后来孔子时那么复杂。孔子的时代礼坏乐崩，他希望恢复周朝的规模和制度，让天下重新安定。正因为孔子的抱负非常远大，而且他的学生们都受益匪浅，所以宰予才如此评价老师。事实上，孟子也基本赞成宰予的看法，说孔子确实是没有人能比得上的。这是对孔子的过度赞誉吗？我认为不然，就像后来韩愈所说的"天不生仲尼，万古如长夜"自有他的道理一样。

当然，我们也不要盲目地崇拜孔子，因为孔子也是一个人，他也是慢慢成长的。孔子可以做到的，今天每一个人也都有可能做到，只要通过真诚修炼自己，让自己在各方面与时俱进，不断地成长就可以成为孔子那样的人。对于年轻的朋友，当我们把孔子的学生们作为榜样，向他们借智慧的时候，就会发现每一个学生都有各自的特色。他们的特色就像钻石的各面，都能反射出整颗钻石的光华，而钻石就是孔子的思想。

表面上看，宰予在《论语》中几乎每一次出场都会受到孔子的批评，但是，我们从中也学到了很多深刻的思想。

第七讲 **向子贡学习说话**

　　说话每个人都会，但是要想说得恰到好处却不容易。子贡非常聪明，口才很好。这样的人难免有个毛病，就是喜欢批评别人，喜欢比来比去，看谁更好，谁更高明。孔子是个善于因材施教的老师，他看到子贡不懂得自我反省，不懂得提高自己的修养，觉得很惋惜，总是找机会提醒他。子贡请教问题时，孔子多次强调说，你要先做到，然后再说。古人认为，如果说出来的话做不到，就很可耻，所以，应该把事情做完了再说，有了把握再说。

　　子贡的口才在孔门弟子中出类拔萃。孔子的学生分为四科，有一科就是言语科，代表就是宰予与子贡。言语科的着眼点是说话，其先

子贡像

决条件就是要学《诗经》。孔子说过"不学诗，无以言"，意思是，不学《诗经》的话，说话就没什么凭借。说话本来很简单，但要想说得好不仅要有内涵，还得文雅得体，这样才能够传之久远。所以，孔子以《诗经》、《尚书》这些古代经典为教材教学。这些典籍对于言语的要求非常高，因为古代政治运行往往是靠口授。那时的外交官遵循一个原则："受命不受辞。"就是国君给你一个命令，但不会教你怎么说。你接受命令之后，要设法完成，怎么表达就要自己想办法了。如果什么都替你想好了，你去念一念了事，那不就是个司仪嘛。这显然是不够的，所以我们今天向子贡学习说话。

一个人如果经常批评别人，难免会说过头话。比如，子贡批评到最后，竟然点到孔子头上了。他在背后跟同学议论说：各位同学，我们老师孔子也没什么了不起，他只不过是年纪大些，而且大概是住在图书馆附近，经常找书看，书看得很多，记忆力也还不错，所以上课的时候不用看教案，背出来就是了。这话传到孔子耳中，孔子当然不太高兴了，自己这么器重的学生居然把他形容为五个字："多学而识之"——广泛学习并且把知识记在脑袋里面，不就是一个"两脚书橱"嘛。于是，孔子在上课的时候当众跟子贡说：子贡，你以为我是"多学而识之者"吗？子贡知道有人告密了，只好承认说：是啊，难道不是这样吗？他到这时依然觉得自己是对的。孔子说："非也，予一以贯之。"——你错了，我用一个中心思想来贯穿所有的知识。这就引出孔子的一个重要观点：他有核心观念，并用之将所有的知识全部连贯起来，形成系统。这样的人才能被称之为哲学家。否则，光是书念得好，看得多，记得牢，转述给学生，只是教书匠而已。孔子就是哲学家，他的思想在一个核心观念的基础上形成了系统。

子贡比孔子小三十一岁,是孔子在中年所收的弟子。孔子告诫子贡,说话要特别留意,要用心。子贡也确实学得不错,下面我们举几个例子。比如说,子贡观察到老师好像一方面很想做官,另一方面又觉得应坚守原则,不能随随便便什么官都做。所以,他就委婉地问老师说:"假设这里有一块美玉,是把它藏在柜子里面呢? 还是找个识货的商人卖了?"这是个非常高明的比喻。孔子当然听懂了,知道子贡说的就是他自己,于是立刻回答:"卖了吧,卖了吧,我是在等待识货的商人呢!"

学者有学问,就应该服务社会,但在当时的乱世,应为哪一国服务呢? 这就要看哪个国君有眼光,能够识人才。像孔子这样可以治国平天下的人才,当然希望有人赏识他、任用他,但当理想无法实现时,他则宁可辞官不做。子贡所说的藏在柜子里的美玉,就是暗喻隐居。我怀抱学问与理想,一个人隐居过日子一样可以过得很愉快。卖玉则代表站在市场上待价而沽,甚至讨价还价。这就是说话的艺术,不能直接问老师:"你要多少年薪才肯出山?"这太直接了,不好听,读书人总要文雅、含蓄一点。

还有一次,政事科的高材生冉求想打探,孔子是否愿意辅佐卫出公。卫灵公死后,立孙子为君,是为出公;流亡国外的出公的父亲则在晋国的支持下回国争夺王位,父子二人征战不休。于是,子贡说,我去问问老师吧。

换了我们,也许就直接问:"老师你愿意辅佐卫出公吗?"可子贡不是这样问的。他先问:"伯夷、叔齐是怎么样的人?"这看起来似乎完全是风马牛不相及嘛！孔子说："他们是古代的贤人。"子贡再问："他们两个会不会抱怨呢？"孔子说："他们求仁得仁，还抱怨什么呢？"

伯夷、叔齐是商朝末年孤竹国国君的两个儿子，两人都不愿意当国君，就逃到西边去了，也就是到了周朝的地盘上，结果正好赶上周武王起来革命。伯夷、叔齐反对。他们说，我们商朝六百多年了，源远流长，你怎么可以革命呢？周武王不听。革命成功之后，

像 夷 伯

伯夷像

伯夷、叔齐两人说，现在是周朝了，我们不吃你们的饭，"义不食周粟"——很讲道义，忠于自己的国家。说实在的，无论是商朝，还是周朝，米该长什么样就是什么样。可是伯夷、叔齐不这么认为，他们坚决不吃周粮，最后饿死在首阳山。

子贡问的就是这个典故。他听了孔子的回答，没有说话，走出屋子对冉求说："我们老师不会替卫君做事的。"各位想想看，子贡真是太厉害了！同学问他，老师会不会给卫君做事？他只是问老师，你对某个历史人物怎么看？然后就根据老师的回答肯定老师不会干。这个学生真是聪明。当然，即便子贡误会了孔子，我们也无法知道了。但

是，在这个故事中，子贡口才之好，体现为他很能了解孔子的心意，听出了话外之音。

　　这一点也为其他孔门弟子所钦佩，他们竟然向子贡请教关于孔子的问题。有一次，子禽问子贡："老师每到一个国家，一定会知道该国详细的政治情况；这是他自己去找的，还是别人主动给他的？"子贡答说，我们老师可以用五个字来形容："温、良、恭、俭、让。"这五个字概括了一个人的整体素养——情商很高，不发脾气，待人客气，有能力但又不嚣张。这样一个人，到任何地方去请教政治情况，别人都会很乐意与他交谈；他也不会随便给人出主意，但会给你适当的参考意见。

孔子是从平凡走向伟大的人。他早年做过主管仓库的小吏，因而精于计算

　　那时候，吴国跟越国斗争激烈。有一次，吴国大宰问子贡："你的老师孔子是不是位圣人？"——可见，当时就已经有人认为孔子是圣人了。大宰接着说，孔子怎么那么多才干哪，什么都会做？子贡当仁不让地说："固天纵之将圣，又多能也。"是老天让我老师变成圣人，又让

他有这么多才干——没办法,你们不要羡慕啦!这话后来传到孔子的耳中,孔子只说了一句:"吾少也贱,故多能鄙事。"千古以来,这句话感动了很多人。孔子这样被别人称为"圣人"的伟人,竟然坦然承认说,我小时候家里非常贫穷,身份卑微,"少也贱",所以我才会做各种一般人不懂的,琐琐碎碎的事情,比如说,怎么正确记账、怎么管理牛羊使之长得好。帮别人办丧事,孔子更是在行,他甚至以此作为基本的收入来源。

子贡在言语方面的表现可圈可点,不过,当他碰到颜回就必须低头了。子贡与颜回都是孔子最好的学生。孔子曾经问子贡:"你跟颜回谁更优秀?"子贡聪明地说:"我怎么能跟颜回比呢?颜回是闻一知十,我也就是闻一知二。"他非常谦虚,说自己大概也就是颜回的五分之一吧。孔子很欣赏他的回答,说:"你的确比不上颜回,我与你都比不上颜回啊。"这也体现了孔子身为老师的风范,"弟子不必不如师,师不必贤于弟子"。

当然,孔子对子贡也加以肯定,希望他能继续提升。有一次,子贡跟老师请教说:"能不能给一个字,让我当座右铭终身奉行?"很多年轻的学生毕业的时候都跟老师要临别赠言,恳请送几句话,子贡也一样。孔子说,一个字的话,那就是"恕"了。孔子紧接着就说出了最常被人引用的一句话:"子曰:'己所不欲,勿施于人。'""恕"的意思是设身处地为别人着想,我不愿意别人怎么对我,我就不要这样对待别人,应将心比心,互相尊重。后来,这八个字成了孔子的标签。但是我们不要忘记,这八个字是在回答子贡的问题时说出来的。

子贡常听老师说,圣人太伟大了,我不敢当;我连"仁"字都不敢当啊。于是,子贡就问:"如果一个人'博施于民而能济众',普遍地照顾百姓,又能够帮助众人的话,这算不算合乎行仁的要求呢?"孔子说,这何止是行仁,这就是圣人啊!只有圣人能够照顾天下百姓,连尧、舜都不见得能做到啊。接着,孔子又说:"真正的仁者,'己欲立而立人,己欲达而达人'。"

前面的"己所不欲,勿施于人"说的是,你不要对别人做你自己都不想碰到的事。这里说的是,你要立足,就要帮助别人立足;你要通达,就要帮助别人通达。前者是自我约束;后者则涉及人我关系,推己及人,就像是后来孟子说的,"老吾老以及人之老,幼吾幼以及人之幼"。孔子的这两段话都跟子贡有关,可见,子贡这个学生的口才、思想让老师愿意跟他谈论很多重要的观念,彼此教学相长。

子贡年轻的时候家里很穷,后来做生意发财了。按当时的制度,做生意需要得到官府的特许,要拿到特许状才可以。可是,春秋末期天下乱了,很多规矩都没有人遵守了。子贡一看机会来了,反正很多人都没有特许状就去做生意嘛,我也这么做!孔子曾评价说,子贡这个人没有得到官府的允许,就擅自去做生意,"亿则屡中"——用今天的话说,就是他买哪一只股票,哪一只股票就涨。身为哲学家而生意成功的,子贡在孔门弟子中恐怕排在第一位了。

司马迁后来写的《史记·货殖列传》就从《论语》里面引了这句话:"赐不受命而货殖焉,亿则屡中。""赐"是子贡的名字。子贡发财之后,向老师请教了一个值得思考的问题:"一个人如果贫穷而不谄媚,富有而不骄傲,老师认为这样如何?"这其实是很难做到的。人穷志短,很容易谄媚,看到别人有钱,自然露出谄媚的神色,希望别人分一点好处给我。而有钱人就容易骄傲，财大气粗难免会趾高气扬。所以子贡问，贫穷而不谄媚，富有而不骄傲，老师认为如何？孔子说："还可以，但是不如贫而乐道，富而好礼。"

孔子这个老师的精彩之处就在于，他会引导学生从积极的方面看问题。学生所说的"贫穷而不谄媚，富有而不骄傲"其立足点是：不要做不好的事。而孔子回答学生说，你不能只是消极应对啊，要积极，贫穷时要以行道为乐；富有的话，要能崇尚礼仪。礼仪需要花钱，有钱人能把场面做得很好，达到礼仪的要求，这才是对的。有钱人还讲究礼仪、礼节、礼貌，那不是很好吗？

孔子说到这里本来可以结束了，但是子贡接着问："老师，您的意思是不是像《诗经》里面说的'如切如磋，如琢如磨'？"子贡在此处特别引用这句话来跟孔子的教导相应和。孔子听了很高兴，因为子贡能够精益求精，进一步理解、发挥老师的教导。他说："子贡啊，以后可以跟你讨论《诗经》了，告诉你过去的事，你就能推测出将来的情况！"

通常，最初教学时，老师怎么教，学生怎么听；渐渐地，学生自己思考，有了心得，就产生了不同的想法，跟老师讨论，互相切磋、琢磨；到最后，老师知道的我也知道了，可以跟老师成为朋友了。所以，古人常常讲"亦师亦友"。在上面的对话中，子贡的问题步步深入，连孔子都称赞，可以跟他谈《诗经》了。这说明，子贡在老师的启发下不断地进步。

子贡做生意的事，使我想起古希腊的一位哲学家泰勒斯。当时，很多人常常讽刺哲学家说，你们这些人一天到晚讲爱好智慧，不切实际，自己过得穷兮兮的凭什么谈这些呢？泰勒斯说，好，那我就示范给你们看。那时的哲学家都懂各种自然科学。在希腊地区，橄榄油是重要的商品。泰勒斯通过观察、研究发现，当年橄榄会丰收；丰收之后，就要使用机器来榨油。于是，他就预先把城里所有的榨油机全部包下来。结果，橄榄丰收之后，别人没有机器可以榨油，只好向他租。他一转手，就赚了很多钱。后来，他理直气壮地告诉别人："看到没有，谁说哲学家不会做生意？我一年可以赚到你们一辈子的钱！"

为什么子贡、泰勒斯能做生意，赚大钱？因为他们掌握了人情世故、风土民情以及各种社会资源的发展趋势。其实，大部分哲学家不是不能把力量用在这些地方，而是他们有更高的奋斗目标，比如说，好好学习，服务社会。所以，子贡作为言语科的学生，做官是顺理成章的。

子贡在孔门弟子中还有一点特别之处，就是他注意观察老师思想的发展方向。我们去看看《论语》就会发现，孔子每次谈到"天"的时候，通常旁边都会有子贡。子贡曾说，老师的"文章"，我们"可得而闻也"——文章代表了礼乐教化，是各种制度的表现——但是，我们没有机会去了解老师对人性与天道的认识。于是，在孔子身后，孟子发挥孔子的人性论；《易传》发挥孔子的天道论。哲学就是要了解现象背后的本质。看到一个人做很多事，你就希望知道他到底是什么样的人。人们常说"知人知面不知心"，这样讲一个人可以，但对于人类整体而言呢？什么是人性？如果不了解人性的话，我们怎么判断社会需要什么样的规范？所以，儒家思想最重要的就是了解人性。而儒家用"天"代表整个自然界。那天的规则是什么？天道运行的规律是什么？《易传》就讲了这些内容。

向孔门弟子借智慧

有一次,孔子大概心情不好,于是说,我不想说话了,"予欲无言"。子贡在旁边说:"老师如果不说话,我们这些学生将来传述什么呢?"老师说的话,我们记下来,这样才有办法去教别人。孔子说:"天何言哉?四时行焉,百物生焉,天何言哉?"这句话是很深沉的感叹哪!天不说话,春夏秋冬四季照样在运行,宇宙万物照样在生长。我何必说那么多呢?我说再多,天下还是那么乱啊!我教你们半天,也不可能让天下立刻改善吧,所以我说再多也没有用。

　　人活在世界上有时候很无奈。你不能选择时代,也不能选择所处的社会,只能接受。你可能有抱负,有理想,想要去改善,那要怎么做呢?做了又会有什么效果呢?这就是儒家的问题。其答案就是时人评价孔子的"知其不可而为之"。明明知道不能实现这个理想,但还是要做。另一方面,坚持理想,改善社会,还要看条件是否成熟。比如,这几年很多人对国学感兴趣了,这时候我们来谈孔子的思想才有意义。否则,你早十年谈这些,根本没有人看,大家都觉得无聊,两千多年前的东西有什么好听的呢?所以,孔子的感叹是有道理的。

　　另外一次,孔子的感慨更深。他说,没有人了解我啊!我读了很多遍《论语》,每次念到这句话时,都很难过。为什么?你们能想象其中的悲凉吗?孔子有三千弟子,精通六艺者七十二人,但是没有一个人了解他。什么原因呢?是学生不用功,太笨了?还是孔子太神秘了,讲了半天都是很难理解的东西?曾经有学生认为老师很神秘,在背后议论说,老师是不是有一些秘诀不教我们,好像武侠小说里面的高手,留了一招。结果,孔子知道后回应说:各位同学,我没有任何隐瞒,我的所有言行表现都在你们面前,你们天天跟着我,知道我在说什么，我在做什么。这个故事反映出，尽管学生们知道孔子说了什么话，做了什么事，但并不了解孔子心里所想，其原因就是因为孔子是"吾道一以贯之"，有一个完整的思想体系，每个学生只了解其中一部分，而不是全部。

子贡后来做官做得不错，但是真正让我感动的是他对老师始终如一的恭敬态度。我第一次到山东曲阜时，特别去参观了"三孔"，就是孔庙、孔府、孔林。在孔子墓前，我非常激动，也非常感慨。我看到，在左首有一栋房子，前面有一个石碑，上面刻着"子贡庐墓处"五个字，就是子贡为孔子守墓的地方。

孔子过世以后，很多学生舍不得他，就像对待父母一样，集体给他守孝三年。他们三年时间不能上班，每天凑在一起交流，老师以前跟你说过这个，老师也跟他说过那个。三年孝期结束的时候，弟子们抱头痛哭一场，然后各自回家。不过，子贡独自一人又回来，在孔子墓旁盖了一栋房子，又住了二十五个月，继续守丧。为什么子贡这么做呢？因为他比较有钱，可以长期不上班；当然，这更说明他对老师的孝敬之心啊！

子贡后来做了大官，有人就开始拍马屁了，公开说："子贡的才德比孔子更卓越啊。"子贡知道后赶紧澄清，怎么能这样说呢？太过分了！他很客气地跟别人解释说："我家的围墙只有肩膀这么高，你一眼就看到我家里有什么摆设，有什么装饰。而我们老师家的围墙有好几丈高，不得其门而入，就不见宗庙之美，百官之富。"——你找不到门进去，就无法了解我们老师的伟大，所以我不怪你。你看，别人称赞他，他却婉转地批评别人！

孔子死后,弟子们守丧三年,相别而去,只有子贡守墓六年才离去

隔了一段时间,又有人诋毁孔子。子贡说:"不要这么做。孔子是无法毁谤的。……我们老师就像太阳与月亮一样,没有可能去超越。一个人即使想要断绝他与太阳、月亮的关系,对于太阳、月亮又有什么损害呢?只是显示了他不知道自己的分量而已。"子贡在老师过世之后,还能那么维护老师,真不简单。他这么做,不是纯粹出于情感,更是因为深刻的理解,他知道老师的思想是多么伟大。

《庄子》也曾拿子贡开玩笑。庄子生活在战国中期,对儒家很熟悉,也有人说他其实就是儒家的传人,但他的基本观点是道家的。他常拿儒家取笑。他说,就拿子贡来说,我记得好几件事,就简单说说吧。子桑户去世了,还未安葬。孔子听说了,就派子贡前去帮忙料理。子贡到那里一看,吓了一跳,有编曲的,有弹琴的,还在互相唱和。子贡问:"面对死尸唱歌,这符合礼仪吗?"子桑户的两个朋友笑了:"你这种人哪里懂得礼的真意?"子贡回去就问老师:"他们到底是什么人?"

孔子说:"我们是生活在尘世内的人,他们是生活在尘世外的人。"道家超越了人间的规则,秉持不同的观念,我们很难去评价谁对谁错,而要看各人是否能依据自己的原则生活。

在另一处,庄子写道,子贡在外游历,经过汉水南岸时,看到一个老人家挖地道通到井中,抱着瓮从井中取水去浇菜园,非常费劲而收效甚微。子贡看了心中不忍,说老人家你这样做太没效率了,我来教你,用桔槔吧。桔槔就是我们乡下打水的,非常简单实用的机器,我小时候还用过。没想到,老人家听了反而生气了。他说,我的老师告诉我,使用机械的人必定要从事机巧之事,从事机巧之事的人必定存有机心。我们现在讲心机,古时候讲机心,倒过来。机心一旦存于心中,那纯粹素朴的天性就不完备了;纯粹素朴的天性一旦不够完备,那精神就会摇荡不定;一旦精神摇荡不定,便不能容载大道了。有机心就说明你心里很乱,常在琢磨算计,这样好不好,那样好不好,这个赚多少,那个赔多少。算到最后,就算有赚头你也不见得快乐,因为心里乱了。

《庄子》老拿子贡做例子,主要是因为子贡是孔门弟子中

桔槔

很特别的一位,他经常在各地跑,遇到很多人、很多事,也跟其他学派的人交往。尽管在来往之中,子贡的观点不见得占上风,但至少让自己增长了见识,更加通达。因而,孔子对这个学生的评语就一个字"达"——一个人要是通达了,做官就没有问题。

孔子的三个学生,子路非常果决;子贡通达;冉求多才多艺,做官都没有问题。但这只是个人能力,要真正做好官,还要有操守和德行。在这方面,孔门弟子中有不少例子可供参考。在孔子过世以后,子贡不遗余力地宣传孔子的思想,所以司马迁在《史记》中指出,孔子过世以后,他的名声可以传扬于天下,主要是子贡的功劳。这不仅是因为子贡口才好,而且因为他本身就是个好官。在齐国准备攻打鲁国的时候,子贡出马了,五年之内就让国际局势发生了变化,鲁国得以保存,而齐国的内政出现了问题。就连吴越之争的此消彼长也跟子贡有关系,就因为子贡出主意,让吴国与其他国家争斗,才使越王勾践有机会东山再起。可见,子贡确实是学以致用。

《论语》记载的孔子的绝大部分言论都是关于人的,关注人的世界。我们今天称之为人文主义、人道精神。但是仅着眼于此还不够,因为人的生命是有限的,生老病死就结束了吗?像颜回,德行这么好,却不幸短命死了;而一些坏人却活得很长久。这看起来很不公平。那么,如何把握生命的正确方向呢?我们有必要在这里讲一下古代天的观念。

古人认为天是最高的主宰,所以把帝王称为天子。这也从另一个侧面说明,天是人类政权的合法性的基础。直到现在,北京还有天坛,就是古代天子祭天的地方。《诗经》里说:"天生烝民,有物有则。"——

天坛圜丘

上天生下了老百姓。那么,自然界是怎么来的?《诗经》又说:"天作高山。"——上天创造了高山,高山是最宏伟的自然现象之一,代表了整个自然界。人与自然界的不同之处在于,自然界的一切都是按一定规律运行的,自然的就是必然的;而人不一样,人有自由,可以选择。天道就是要帮助好人,惩罚坏人;人就应该行善避恶。

善恶应如何分辨?这就需要"天降下民,作之君,作之师"——国君与老师都承担着教育百姓的责任,所以,古代对政治领袖与教师是非常尊重的。人们掌握了分辨是非的原则之后,就要行善避恶,如果没有做好,就会受到上天的惩罚。商朝推翻夏朝,周朝取代商朝都是以天作为理由——我们不说借口,而是理由。革命成功了,就代表这是顺应天意。但天意到底是什么？怎么来界定呢？《尚书》里有一句话叫"天视自我民视，天听自我民听"，我们老百姓怎么看，天就怎么看；老百姓听到什么，天就听到什么。这其实是把天与百姓的意志结合在一起。所以，古人的天是一个非常复杂的概念，它既是自然界的万物之源，又是人类善恶的标准。

到了春秋时代，这个观念开始转变了。中国古代思想的发展与天的概念的演变步调一致。人活在世界上，都希望遇到英明的天子，给百姓树立两个榜样，一个是仁爱，另一个是德行。所以，《史记》说到尧，开头就是八个字："其仁如天，其知如神。"他的仁德跟天一样——天是无所不覆盖的；他的智慧跟神一样——神是无所不知道的。帝王有仁德，又秉持正义，天下的百姓才能够生存，并且和谐幸福地生活。所以，我们在发展经济的时候，一定要注意社会正义。经济发展使每个人都可以生活得更好；而社会正义能够保证社会稳定和谐。

我们介绍孔门弟子，把他们作为我们的学习楷模，并不是只着眼于他们本身，而是要通过他们去深刻了解孔子的思想，因为孔子才是中国人共同的老师。我们所学习的孔门弟子跟我们一样，也是慢慢成长的。像子贡这样的学生，他会说自己永远赶不上老师，但是孔子本身并不希望我们这样想，他坚信，每个人跟他都是一样的。他也承认自己并不是生下来就什么都知道的，而是在学习中慢慢成长的。学习没有秘诀，就是用功而已，手脚勤快，多看书，不断地累积，到一定阶段，自然就贯通了。

具体谈到子贡的话，儒家的超卓之处表现在言语上。子贡的反应非常快，口才特别好，跟人互动的时候能够产生积极的效果，所以他做

北京孔庙大成殿内的雍正帝手书"生民未有"匾额

官政绩卓著。他用自己的人生实践验证了儒家思想的通达之处。《孟子》中借用子贡之口来称赞孔子说："自生民以来,未有夫子也!"——自从有人类以来,还没有超过我们老师孔子的人。现在你到孔庙去,还能看到大成殿内的"生民未有"匾,可见子贡在儒家思想传播中的重要作用。

向子游学习胸襟

子游在《论语》里出现的次数并不多，但他作为与子夏并列的文学科的代表人物，却非常重要。子游与子夏都是孔子晚年周游列国时所收的弟子，大概比孔子小四十五岁。尽管这批学生受教时间不是很长，但是仍然涌现出了一些杰出人物，子游就是其中之一。我们今天要向子游学习胸襟。读书人的胸襟要开阔。

子游、子夏位列文学科。"文学"指的是文献方面的知识，就是精通古代典籍。我们从文献中可以得到某些启发，尤其要知道高尚其志，眼光要放得远、放得宽。而子游确实能够做到这一点。

子游曾经在鲁国的武城当县长。其间，孔子问他："你在这里找到

子游像

什么人才了吗？"他说："有一个人叫澹台灭明，这个人啊，'行不由径'，走路的时候不抄近道，只走大路；如果没有公事，从不到我的房间里来。"这说明此人是个正人君子。所以有一句话叫做"以言取人，失之宰予"——如果仅凭言辞来评判人，恐怕就会被宰予骗了；"以貌取人，失之子羽"——"子羽"是澹台灭明的号。据说澹台灭明长得很丑陋，如果以貌取人的话，就会错过这个人才了。

人很容易受外表的影响，孔子也不例外。他这么忙，做了几年官，然后周游列国，还赶上兵荒马乱，如果要求他清楚了解每一个学生的内在品质，也不现实。这一次，他听了子游的推荐，认识了一个学生澹台灭明。澹台灭明后来到楚国去，收了三百个弟子，是把孔子的学说传到南方的第一人。子游能够发掘出孔子所忽略的人才，可见他的眼光很独到。

子游不单是眼光独到，还掌握了《诗经》、《尚书》的精髓所在。他在武城当县长的时候，教老百姓唱诗。孔子带着弟子来到武城，听到弦歌之声，《论语》里记载，这时孔子"莞尔而笑"。各位知道，文献中的孔子很少笑，哭的时候反而很多，因为他常常感受到别人的痛苦和时代的危机，而很伤感。至于说"莞尔而笑"，笑得很可爱、很开心、很灿烂，只有这一次。孔子为什么那么开心呢？他说了一句话："割鸡焉用牛刀？"杀鸡何必去用宰牛的刀呢？我们都读过《庄子》中的"庖丁解牛"。宰牛刀很大，杀鸡的话，小小的一把刀就够了。孔子为什么这样讲？他意思是，我教你《诗经》是用来治国的，现在一个小小的县城，你叫老百姓来学《诗经》，未免有点大材小用。这一方面反映出他看到学生学以致用很高兴，要不然不会笑得那么开心；另一方面，也展示了孔子的幽默风趣。

子游听到这话,立即抗议说:"老师,你不是教过我们,'君子学道则爱人,小人学道则易使也'吗?""君子"就是做官的人,他们学习人生道理,就会爱护百姓,做一个好官。"小人"就是老百姓,他们学习人生道理,就容易服从政令。如果人不接受教育,就不明白事理,面对一切只从本能出发,考虑自己的需要。但是,接受教育之后,人就会觉悟,如果只看眼前的个人利益,就会忽视群体的利益,破坏大局,最后自己也损失惨重。听到子游的抗议,孔子马上道歉说:"各位同学,子游是对的。我刚才是跟他开玩笑啊。"从上述故事中,我们可以看到子游的宽广胸襟。他从老师那里学到《诗经》这些文化精华,当了县长后,立即推己及人,把好东西也教给百姓,希望他们也能因为受教育而得到提升。说到《诗经》,我们在这里要稍微介绍一下。

孔子说《诗经》三百多篇可以用一句话来概括,就是"思无邪"。那么,"思无邪"三个字怎么理解?后代很多人把它翻译成思想纯正无邪。很抱歉,这并不是它本来的意思。"思"这个字在《诗经》里面出现得太多太多了,但并不作"思想"讲,而是一个没有实际意思的语助词。比如,"思"可以作为一个发语词,提醒别人,我要说话了;还可以在讲话结束的时候,告诉别人我讲完了。如果把《诗经》中的"思"都解释成"思想"的话,那《诗经》念起来很累,这边在想、那边也在想!

"思无邪"本来是描写鲁国国君养的马跑的时候直行,不能转弯;引申为指《诗经》三百篇都是出于真诚的情感,没有任何矫饰;其主旨是说,文学贵在真诚,最怕无病呻吟。

孔子认为,《诗经》的每一篇都出于真诚的情感;也正是因为出于真诚,它们才能引发读者内心的共鸣。所以,我们念《诗经》的时候,很容易被它感动,重新发现自己年少时的纯洁情怀,触摸到年轻时的理想。比如说,我们耳熟能详的第一篇《关雎》:"关关雎鸠,在河之洲。窈窕淑女,君子好逑。"它描写雎鸠在沙洲上面关关地叫着——就是一个简单的客观现象,然后说"窈窕淑女",一个可爱的女子,君子很希望成为她的伴侣。这纯粹是真挚情感的表达。所以,读了《诗经》以后,你马上就感觉到自己的情感恢复到原始的真诚状态。

孔子教导学生读《诗经》的时候,特别提到与情感有关的四个字。他说:"各位同学,你们为什么不学诗呢? 诗,可以兴,可以观,可以群,可以怨。""兴"就是引发真诚的情感。人在社会上待久了,会渐渐异化,不够真诚。你跟别人来往,必须注意到社会的礼仪、礼貌以及自己的角色和身份,很多话不能说,要说也只能说一半。有时候,心里面真是很委屈,却不能表现出来。慢慢的,就忘了自己也曾经年轻过,曾经胸怀理想。"观"是观察自己的志节。就是说,念《诗经》的时候,你会发现自己的理想跟里面某一段描写很相似。"群"就是与别人合群。人类社会是一个共同体,大家的经历相似,产生的情感也类似,于是可以通过阅读《诗经》抒发情感。"怨"就是抱怨。很多人对抱怨都不以为然,认为不应该抱怨。其实,抱怨是很正常的情感,在《论语》里面,"怨"字出现了不少次,是所有描写情感的字里最多的;而跟"怨"相关的字就更多了。《论语》第一句"人不知而不愠,不亦君子乎"中的"愠"就是生闷气,内心很不爽。孔子曾说自己"不怨天,不尤人"。这六个字其实也是一种抱怨,说不怨天,不尤人,这话就是抱怨了,意思是我实在是很委屈啊!

怨是一种不可避免的，自然的情感。觉得自己有志难伸，或是被误会了，或者受委屈了，甚至被迫害了，这时候怎么办？阅读《诗经》。读了《诗经》之后，你就会发现，在历史上，很多人都有类似的遭遇。很多人的条件比我们好多了，但照样无法实现理想，甚至委屈一辈子的都有。所以，读了《诗经》之后，人的情感从兴到观、到群、到怨，很容易得到调节。不仅如此，读《诗经》还有别的作用，叫做"迩之事父，远之事君"——近里说，可以侍奉父母亲；远里说，做官可以侍奉长官、国君。总而言之，《诗经》可以帮助人立身处世。

有一次，孔子问自己的儿子："你仔细读过《诗经》中的《周南》和《召南》吗？一个人如果不曾仔细读过《周南》和《召南》，就好像面向墙壁站着，根本无路可走。"孔子认为，与别人来往，一动一静，甚至一言一行都要从《诗经》里面找到根据。他教自己的儿子，"不学《诗》，无以言"。如果不学《诗经》的话，你就没有说话的凭借。"无以言"不是不能说话。我们从小没学《诗经》，也照样天天说话。孔子的意思是，你没有说话的凭借，就是说话不够文雅，没有内涵。古代的读书人，一定要有语言训练，要懂得引用《诗经》婉转地表达自己的想法。

还有一句叫"多识于鸟兽草木之名"。《诗经》里面提到的鸟兽草木的名称各有几百种，统统加起来几乎将近一千种了。不过，很多今天已经灭绝了。在古时候，如果想增加常识，那就要念《诗经》，能把《诗经》念完、读通的话，学问就很扎实了。

子游有时候会跟同学发生争执。跟谁呢？子夏。子夏是卫国人，子游是吴国人，他们俩年龄相当，又都是在孔子周游列国期间拜在孔子门下，还并列在文学科，二人可以说是在伯仲之间，有时难免会有类似"既生瑜,何生亮"的感觉。子游批评子夏说,子夏的学生们只知道洒扫、应对、接待宾客、进退礼仪。也就是说,子夏教学只教学生们洒扫、应对、进退之类的具体行为规范,实在是太过细枝末节了。这话传到子夏耳中,子夏当然很不高兴。他说,子游错了,我们教学就要分步骤慢慢教,从外在的行为规范开始,然后再教深层次的思想。你怎么可以上来就教大道理呢? 子夏这个人比较保守,个性比较内向,所以在教学中强调循序渐进。子游就不一样了,他希望一下子就把大道理教给学生,所以他跟同窗之间有一点小小的分歧。

后来,子游还有一件事做得不够好。孔子死后,学生们都很怀念他。孔门弟子中有个人叫有若,就是有名的有子。他大概长得一表人才,说话的口气也很像孔子。于是,子夏、子张、子游商量说,我们请有若坐在台上,向他鞠躬,好像对老师一样,以示怀念吧。结果,有一个人坚决反对,就是曾子。《孟子》中记载,曾子表态说,不行,我们老师孔子是什么人啊! 他就像在长江、汉水洗涤过,就像在夏天的烈日下暴晒过,光辉洁白得无以复加,绝对不能用其他代替。孔门弟子这才否决了子游他们的建议。

我们说子游胸襟豁达,最主要是因为《礼记·礼运篇》的一段记载。有一次,孔子参加一个祭典,出来后深深叹了一口气。这时候,侍候在一旁的子游马上请教说,老师,您为什么叹气呀? 于是,孔子就讲出了一段辨明"大同非小康"的话。

作为老师,孔子喜欢循循善诱。有学生提问题,他就回答;没有学生问,他不会主动说,今天老师要讲话,请大家来上课。子游的这次提问,使孔子把心中的大同理想说了出来。这说明,孔子认为子游这个学生胸襟够大，确实可以理解、实现、推广他的这种理想。

　　这就是我们所熟悉的"大道之行也，天下为公，选贤与能，讲信修睦"这一段精彩的文字。所谓的大同世界的理想，就是每个人不独亲其亲，不独子其子——不是只爱护自己的父母，只照顾自己的子女，而是让天下所有的鳏寡孤独废疾者皆有所养。"男有分，女有归。""货恶其弃于地也，不必藏于己；力恶其不出于身也，不必为己。"大家"外户而不闭"，出门的时候门不用锁，因为没有人会来偷，没有人会来抢。这个"选贤与能，讲信修睦"的社会使弱势群体得到应有的照顾，所有社会成员都尽力为社会服务。这是孔子的理想，但还没有实现。之后，孔子又描述了小康。小康比大同低了一级。在没有实现大同的情况下，我们应该为小康努力奋斗，并用礼义维持整个国家的稳定、和谐。然后，孔子又继续谈礼乐，尤其对礼进行了深入探讨。

孔子幼年好礼

很多人谈到孔子的时候都特别说明，他所生活的时代礼坏乐崩。面对这种局面，孔子一生致力于承礼启仁。

我们通常说承先启后。孔子所承的"先"，就是礼，周公所创之礼。但在当时，礼制已经出现了严重的问题。于是，孔子设法用"仁"挽救"礼"。"仁"指的是人内在的真诚情感。所谓的礼坏乐崩，用最简单的方式来说就是，礼乐已经丧失了内在的真诚内容和情感，大家行礼奏乐的时候都没有真心。譬如说，我见到老师，向他鞠躬，但心里并不尊敬他；我向父母问安，但心里没有一点敬爱之情。孔子认为，循礼行事，这只是外在的形式，它需要内涵。其内涵就是人的真诚情感，而仁就是真诚的情感。但是，我们也不能忽略礼，因为如果没有礼的话，仁就无法恰当地表达。孔子希望将礼建立在真实情感的基础上，恢复它的力量、它的活力。

说到"礼"字，其繁体写法左边是示部，右边是"丰"。"示"的字形是天底下有三条线，就是日、月、星三光。跟宗教有关的字大都用这个偏旁。繁体"丰"字下面是一个"豆"，就是桌子；上面是二玉载器之形，加在一起，就是两块玉放在桌子上，也就是祭祀了。所以，礼这个字的本意就是祭祀。许慎在《说文解字》里也强调说："礼者，履也。"礼就是去实践，目的是侍奉鬼神得到福报。所以，最初，礼完全是宗教性的，在古人的神话背景和宗教世界中展开。后来，礼的宗教性慢慢转化为政治性，成为国家的基础。所以，在古代，国君如果不肯去祭拜祖先和神明，是极其严重的、不可原谅的错误。

传说中，商汤征战的起点就是从讨伐葛国开始的。当时葛国的首领葛伯不肯祭祀。国君不祭祀，代表不承认自己的祖先，其合法性就成了问题。于是,商汤就理直气壮地讨伐他。

春秋时代的观念认为,对于国家来说,最重要的事情有两件:第一,祭祀;第二,军事。我们通常都忽略了第一点,只注意到军事、国防。祭祀的重要性在于,它说明一个国家是有源有本的,我们不是凭空冒出来的,我们有自己的传统。这一点集中体现在礼从宗教性到政治性的转变;而国家能够存在、稳定、发展,也是依靠礼。

之后,礼又变成伦理性的。伦理就是道德。礼是伦理道德的规范。你跟别人来往,要遵守什么规范,是显而易见的。如果不遵守的话,别人就会认为你伦理方面有缺陷,道德方面不合格。所以,像颜回这样的学生,孔子教导他时强调"克己复礼",关键在于自己主动去实践礼的规范,这就是人生的正路,也就是要化被动为主动。颜回再追问,有没有具体的做法?孔子的回答很简单:非礼勿视,非礼勿听,非礼勿言,非礼勿动——一连四个"非礼"如何如何。

循礼而行,有两种可能:第一,只是被动地遵守礼的规范;第二,主动地实践。孔子希望颜回做的,当然是主动实践。所以,我刻意把"克己复礼"的"克"解释为能够,强调了主动的意味。但是,不管怎么主动,都应该遵循规范,要谨言慎行,这就是"四勿"。做到四勿的话,人生就不会有犯错的可能了。

子游还有一些非常有启发性的观点,比如,他曾经说过,侍奉国君,不要太啰嗦。如果一而再,再而三地去建议,恐怕只会自取其辱。事实确实如此。一个人要改过很不容易,而如果是听了别人的建议再去改,好像更没面子。所以,千万不要反反复复去进谏,这不见得有好结果。子游还提醒说,交朋友也一样不要太啰嗦。假设朋友有某个缺点,你每天劝他,到最后,他一定跟你疏远了。子游认为,人与人相处要掌握分寸,适可而止。

既然提到交朋友,我们不妨在此引申一下。孔子的学生,每人都有自己的特点和特长。当孔子对某人的某方面提出建议时,我们就可以深入发掘孔子的思想。我们向孔门弟子借智慧,所借的最终还是孔子的思想。如果没有孔子,这些学生就是普通人,充其量也就是在某一方面略有专长的人士,在春秋战国的某个阶段可以有点表现,但却没有根源。儒家思想为什么好? 就因为它承礼启仁,掌握了生命的支点。所以,我们学了儒家之后,就会感觉自己走上了光明大道。

下面,我们接着谈谈交友。交朋友是很自然的需要。同学、同乡、同道都可能成为朋友,只要有一个“同”,就有交往的机会。但交朋友的时候,要注意好坏的问题。我们都说友直、友谅、友多闻是好朋友;友便辟、友善柔、友便佞就是坏朋友。不过,正直、真诚、直爽的人往往会给朋友带来压力,尽管大家都知道他是好朋友,但是还要配合友谅。“谅”的意思是谅解,也指能够守信用。友多闻的意思是,我们跟朋友来往,当然希望互相启发,增长见闻。但是不要忘记,我们希望有好的朋友,别人也希望我们是好的朋友。所以,我们应将这三点作为自己的努力目标,而不能光要求别人成为好朋友。

至于友便辟、友善柔、友便佞都是损友。他们要不太过于自以为是;要不说话存心讨好。这些人的核心问题是缺乏真诚。一个人不真诚的话,跟别人来往就怕丢脸,不愿说真话,或者有错就找借口去掩饰。交这样的朋友没什么意思。

孔子是先建立了一个思想系统,然后再出来教学生的,所以他在教学中，每一句话都非常清楚，是他整个思想的一种表达。当然，孔子也有犯错的时候。他在将近五十岁的时候说："让我多活几年，到了五十岁时专心研究《易经》，将来就不会有大的过失。"他这样说，固然是谦虚，但另一方面也说明，他知道自己有过失。

有一次，有人问孔子说："鲁昭公懂得礼吗？"孔子答说："懂得啊。"孔子离开后，这个人就批评孔子说，孔子这个人替国君遮掩错误。因为鲁昭公娶了一位夫人，是来自吴国的吴孟子。吴国虽然偏居南方，但其祖先是泰伯。鲁国的祖先是周公。泰伯是周文王的大伯父，他们都姓姬，是同一个宗族的。古代同宗人不能结婚，而鲁昭公却娶了个同姓的夫人，怎么能说他懂得礼呢？

这话传到孔子耳中，孔子说："我非常幸运，一犯错，立刻有人知道。"看来孔子明知自己有错，那为什么还要这么做呢？因为他坚持一个原则，即六个字："不言君亲之过。"作为鲁国人，不能去谈论国君与父母的过错。即使国君跟父母有过错，也不能说，因为这不是我该说的，我只能维护国君和父母。孔子认为，这种隐瞒是正确的，因为其中自有真诚与正直。

现代社会中有很多人批评儒家为了亲情而违背法律。其实，这也是无奈的选择。应该怎么办呢？难道要检举吗？恐怕如果真的检举的话，又违背你自己真实的情感。我父亲有过，我当然希望别人不要知道；我儿子有过，我当然希望别人不要知道，这是最自然，最真诚的情感。如果法官来抓的话，我们当然不会反抗，也不会抵赖；但是叫我去检举，这违反了人性，儒家不做这种事。

一个人活在世界上，在方方面面都达到所有要求是不可能的，只要能够做到真诚就行了。儒家思想的重点就是强调,外在要有礼的规范,内心一定要有真诚的情感。只有这样,礼才能持之久远,行之久远。否则的话,礼只有表面的礼节、仪式而没有情感,就变成一种形式而已,其结果是非常可怕的。那就是,每个人在外面都表现得很好,但其内心没有真诚的情感。

子游的胸襟特别豁达。他能够不以貌取人,发现澹台灭明是个人才。他能够教武城的百姓唱《诗经》,借以实现社会的和谐安定。如果没有他的提问,恐怕我们就没有机会读到"大道之行也,天下为公"这篇精彩的议论。大同虽然还没有实现,但可以将之设定为目标和社会发展的方向。人活在世界上,往往不可能立刻实现理想,但是,如果没有理想的话,现实就是一潭死水,没有活力,也没有方向。如此一来,人活在世界上,久了之后就会觉得生命索然无味了。所以,如果每个人都激发自己生命内在向上的力量,整个社会就会健康发展。

从子游的胸襟可以看出,学习儒家思想,能够帮助我们树立正确的人生方向。

向仲弓学习德行

　　孔子有三千弟子，但他只公开推荐过一位学生，说他可以面向南方，治理百姓。在古代，所谓的面向南方只有三种人有资格：第一是天子；第二是诸侯；第三是诸侯国的正卿，也就是相国或宰相。孔子认为仲弓这个学生有这样的资格。

　　仲弓是谁呢？我们比较熟悉的名字是冉雍，鲁国人，比孔子小二十九岁。

　　孔子曾经把他的学生分为四科，第一科是德行科，有四位同学上榜，第一当然是颜回了，第二位是闵子骞，第三位是冉伯牛，第四名才是仲弓。孔子说仲弓可以面向南方，治理百姓，代表他认为德行好的

仲弓像

人从政做官肯定是没有问题的，因为一个社会要发展一定要以德行为基础，让人们有共同的目标，就是善，只有这样社会才能够持续发展。德行科的这四位同学，颜回我们前面谈过，要向他学习快乐；仲弓之前还有两位，我们先大概介绍一下他们的情况。

说到闵子骞，他也是二十四孝故事里面的一个人物，我想很多人都听过他小时候的故事。闵子骞小时候，母亲过世，父亲续弦，给他找了后母，后母又生了两个弟弟。有一年寒冬的一天，父亲叫他拉车。他因为冻得手脚僵直，拉不动，父亲的皮鞭就打了下去，只见衣服裂开，露出里面的稻草。父亲这才明白，妻子给她自己亲生的两个儿子穿的是棉袄，给闵子骞的衣服里面装的是稻草。父亲就想把她休掉，闵子骞哀求父亲千万不要这么做，讲了一句话，说："母在一子寒，母去三子单。"母亲在的话，只有我一个人会寒冷；但是母亲离开的话，三个儿子，连我在内都会很孤单。我们可以想象，这么孝顺的孩子，他的德行一定是颇有可观之处。所以在《论语》里面，孔子说过这样的话："闵子骞真是孝顺啊！别人对于他的父母兄弟称赞他的话都毫无异议。"一般人说自己家人好，别人听了都会打折扣，说你当然讲自己家人好，希望别人对你们都有好印象。但是只有闵子骞不会，任何人都知道闵子骞很孝顺，做得非常好，所以他家人说他的好话，大家都接受。百善孝为先，这是闵子骞最著名的故事。

闵子骞后来做了官，但他有一个特点，就是有洁癖。如果你这个当家的不好，那你让我做官我也不做。在鲁国，当时政治上分为四派，最有权势的是季氏。季氏让闵子骞担任费邑的县长（古时候当县长已经很了不起了），但是闵子骞对季氏派来的人说："你好好替我推辞吧！

如果再有人找我的话，我就要逃到汶水以北去了。"言外之意就是要离开鲁国了。你看，居然有人怕做官怕到要逃亡！因为在闵子骞看来，季氏的存在对鲁君巩固国家的统一没有好处，那我为你做官做得好，反而对鲁国不是一件好事。

还有一次，鲁国官员曾经想要扩建国库。闵子骞知道了说，何必扩建呢？因为扩建仓库就代表要增加税收，税收增多的话，接下来恐怕就要再把仓库里面的那些财货兵械充实一下了，就会带来动乱。他说这样不好，应该先照顾百姓。所以孔子听到闵子骞这话就说："这个人呢，平常不说话，一说话就击中要害。"

有关闵子骞的故事在《论语》里面就这么几段，如果真的要把他当做一个专题介绍，就要找很多稗官野史来说，不一定可靠。

接下来我们介绍另一位，叫做冉伯牛，他就更可怜了。《论语》里有一段话提到他，说冉伯牛病得很严重。有人说是麻风病。为什么这样说？因为孔子去看他的时候，没有进房间，而是隔着窗户拉着他的手。有人就据此推测，他得的可能是一种传染病，不能接触。孔子拉着他的手说，哎呀，我们要失去这位同学了，这是命啊！这样的人竟得了这样的病！这样的人竟得了这样的病！孔子很少谈到命，听到"命"这个字，我们就要想到两方面：第一是命运，一个人生下来有什么遭遇，在什么家庭成长，遇到什么老师、朋友，有时候不是可以选择的，这叫做遭遇，人是无可奈何的。但是，人活在世界上绝对不是只有命运而已，还有使命。所以我们学习儒家一定要记得，"命"这个字包括命运跟使命。使命是我自己选择的。人活在世界上，可以有主动的思考、主动的选择，坚持一个目标往前奋斗。人也确实可以进行某些改变,即使不能改变世界,起码可以改变自己。我一个人改变,这个世界在某种程度上也改变了。

冉伯牛生这么严重的病,孔子感叹的是命运的无奈。事实上,德行科里的另一位同学,颜回四十岁就过世了,孔子也说他"不幸短命死矣"。所以人活在世界上,有些事情是无奈的,你只有接受它、了解它,但不要被它所限制。你不能说因为我可能活得不长,反正最后也没有机会出来替社会服务,修德也是白修,不如好好享乐,过一天算一天。即使如此,你还是要尽其在我。

我们看德行科的这四位同学,颜回跟冉伯牛很可惜,死得很早,否则对于儒家思想的传扬,对于服务社会,他们一定会有很好的表现。而闵子骞本身又有洁癖,不愿意跟坏人合作,到最后只剩仲弓了。

仲弓这个学生的背景并不好。他的父亲据说是非常平凡的一个人,也有人说他的出身非常卑微贫贱。其实贫贱不是问题,孔子也说自己小时候家里非常卑微,就是社会地位很低。孔子提到仲弓的时候,用了一个比喻。古人说话喜欢用比喻,因为这样比较形象、比较深刻,可以让人反复地思考、回味。他说,这个学生出身卑微,就好比是耕牛生了一头小牛,本来只能做耕牛,但却长了红色的毛与整齐的角,如果我们不用它祭祀的话,山川之神难道会舍弃它吗?周代尚赤,所以要用红毛牛来祭祀。孔子的意思是说,像仲弓这样的人才,虽然出身非常贫贱,但是他本身的德行非常好,他不出来做官的话,怎么对得起老百姓呢?国家不应该错过这样的人才。所谓的"好汉不怕出身低","歹竹出好笋",在仲弓身上就得到了验证。可见,孔子对仲弓是非常肯定的。

那么，仲弓本身有什么特点呢？他其实口才不好，孔子对此也很了解。有人对孔子说，仲弓这个人"仁而不佞"，他有仁德，但是口才不好。孔子的回答很有趣，他说："何必需要口才？口才太好跟别人争论，常常引起别人的厌恶。"在现实生活中，我们也很讨厌那些怎么说他都对，正的说得对，歪的也说得对，就是辩不过他的人。这种人恐怕朋友不多吧。孔子其实也不喜欢这种人，所以，如果你把口才不好说成是仲弓的缺点，孔子就会指出，做人要真诚第一。

但是孔子接着说："我不知道他是不是行仁，但是何必需要口才善巧呢？"这就有问题了，仲弓是德行科的同学，孔子却说，我不知道他是不是行仁。在《论语》里面，孔子从来没有称赞过一个还在世的人合乎仁的要求，这说明孔子对仁的要求很高很高。他自省时也说："若圣与仁，则吾岂敢？""圣"代表圣人、完美；"仁"就是能够行仁。孔子说，要做到圣和仁，那我是不敢当的。为什么那么难呢？因为孔子把"仁"这个字作为一个动名词，也就是说，仁并不是一个完成的状态，而是一个正在进行的状态。人活在世界上，一辈子都应该不断地行仁，只要活着就不能停止，因此，你不可能说任何一个人已经达到这个要求了，只要活着，就有更高的目标去奋斗。孔子本人也是如此，"三十而立，四十而不惑，五十而知天命，六十而（耳）顺，七十而从心所欲不逾矩"。假设孔子可以活到八十岁、九十岁，他肯定还有更高的目标。

我们千万不要怀疑儒家不断树立更高目标的方法。你可能在《论语》中看不到这些记载。这要怪孔子的学生们，他们不太喜欢著述。你不著述的话，别人不知道你想什么，也不知道你的心得，那怎么去研究你的思想呢？但是隔了一百多年，出现了孟子，大家公认，孟子是最能够发挥孔子思想的人。《孟子》里面有一句话是"大而化之之谓圣"，接着说"圣而不可知之之谓神"。圣上面还有更高的啊！四个字:不可知之。儒家最精彩的地方就在这里。一个人活在世界上,出生的时候很平凡,念什么小学、什么中学、什么大学,在某处就业,在某个部门上班,然后退休,别人来接替。大家都一样,差不多。所以,你就会问,那到底人和人有什么差别呢? 好像差不多,但是不一定。儒家思想强调修德行善去发展自己,最后可以达到不可知之,就是无法了解的境界,一种出神入化的境界。很多人对佛教有研究,也知道佛教里面的最高境界叫做不可思议境界。所谓的不可思议就是无法去想象的,因为人在想象的时候要使用概念,而概念来自于生活经验,生活经验都是相对的,我看到什么就可以说它是什么,但是我想象不到的东西呢,那就太高太高了。

　　同样,"仁"这个概念很难理解,非常复杂。孔子多次谈到"仁",许多学生也都问什么是"仁",但他给每个人的答案都不一样。这也没法作为考题,因为根本没有标准答案。当很多人都在猜测什么是仁的时候,孔子从来没有同意说哪个学生合乎行仁的标准。一位执政者问孔子说:"子路达到行仁(我加一个"行"字,就代表"仁"不是一个名词,而是动态的,要一直发展,一直努力的)的标准了吗?"孔子说:"我不知道。"他不说不是,而说我不知道,因为这个最高的目标、最完美的境界不是一般人可以达到的。那人再问。孔子答说,子路非常果决,从政做官没有问题,但是我不知道他是否可以行仁。又问,子贡有没有达到行仁的标准呢? 孔子说,子贡那么通达,从政没有问题,但是我不知道他是否可以行仁。再问,那冉求呢? 冉求多才多艺,可以在政治领域表现杰出。孔子说,他穿戴整齐在朝廷上,可以派他与贵宾谈话;但是这些学生,我不知道他们是否可以行仁。

子张很喜欢问问题。他有一次问孔子:"楚国宰相子文,三度上台当宰相,没有得意的神色;三度下台,也没有不悦的神色。去职时,他一定要把过去的事清楚交代给接班人。这样的人可以算行仁吗?"孔子依旧答说,我不知道,他只能算是"忠",忠于职守。子张又问,陈文子看到自己国家发生了弑君的事件,觉得很不像话,自己的十驷马统统不要了,逃到别的国家。古时候,马很值钱,一驷是四匹马,十驷就是四十匹。但是逃到别的国家之后,他看到这里跟自己国家差不多,于是再度离开;到了另一个国家,不久仍然发现跟自己的国家差不多,就又离开。这个人怎么样啊? 孔子说,这个人洁身自爱。子张继续问:"他是否达到行仁的标准呢?"孔子又说:"我不知道。"换句话说,要达到"行仁"的标准,需要完成整个人格的转化,整个生命的完成,那是很不容易的。但是,没有达到行仁的标准,并不妨碍从政。从事政治,只要有专长就可以。

那么,孔子为什么说口才不好并不一定影响从政效果呢? 因为儒家是强调真诚和实事求是的,所以德行才是根本。你只要是一个人就可以培养德行,不牵扯到任何其他条件;提高德行就能实现人性的要求,到最后表现出来的生命是走向圆满,并且能够得到快乐。

人生有两大问题:你过得快乐吗? 生命不断走向圆满吗? 儒家对这两个问题都有很清楚的答案。你如果接受儒家的思想,确实可以达到这样的效果。

仲弓后来做了官,当季氏的家臣,而且是主要的家臣。孔子也大

力推荐他。他向老师请教政治的做法。孔子跟他讲了三点,这三点值得每一个做官的人去认真思考:

第一,"先有司"。有司指的是各级官员。你要以身作则,率先去做,这样的话,整个单位自然而然就会朝着你的方向去走。你如果光叫别人做而自己不做,那做的人也不开心,会常常抱怨,有苦是我们的,有功是长官的。

第二,"赦小过"。如果你的部下有小的过失,一定要宽恕。作为一个长官,最怕的是对部下的过失念念不忘。部下犯了一个错,终生都没希望了。这样不好,因为人难免犯错,所以你看到别人有错,就要给他机会改过。事实上,一个人改过之后,就会懂得谦卑,能够体谅别人的痛苦。这样的人在政府机关服务的话,对老百姓说不定更有服务之心呢。

说到"赦小过",我想起了一个历史故事,就是管仲的故事。管仲跟鲍叔牙是好朋友。当时,齐国政局混乱,经过激烈斗争,流亡的公子小白回来当了国君,就是齐桓公。鲍叔牙是支持他的,这时当然要论功行赏了。齐桓公问鲍叔牙说,谁能当宰相? 你愿不愿干? 鲍叔牙说,我不能当宰相,如果你要称霸天下,只有一个人可以帮忙,就是管仲。管仲本来属于齐桓公敌对的一方,但齐桓公还是接受了鲍叔牙的建议,起用管仲当了宰相。据《庄子》说,后来,管仲年纪大了,病得很重,眼看就不行了。齐桓公就问他,仲父,万一不幸的话,找谁来接替你的位置呢? 齐桓公称管仲为仲父,是把他当父辈对待,真是礼遇有加。管仲反问:"国君以为如何?"这很聪明,您觉得谁行? 不要先问我的意见。齐桓公说,你看鲍叔牙怎么样? 其实,鲍叔牙如果想当宰相早就当了,何必等到这时候呢? 但是管仲反对。齐桓公觉得不可思议,鲍叔牙可是推荐管仲当宰相的人啊,管仲现在自己当了一辈子要走了,怎么竟然反对鲍叔牙当宰相呢? 管仲说,因为鲍叔牙有一个缺点,他只要发现别人的过失,终生不忘。这是很可怕的事情。就是说,如果鲍叔牙当宰相的话,看到你就会想起你的过失,那谁受得了? 其结果一定是上跟国君吵架,下跟百官处不好,做不长久。所以,记忆力太好也有问题,有时候就要装傻,好像忘记一样,给别人机会。

孔子曾称赞过伯夷、叔齐两位贤者,说:"伯夷、叔齐不念旧恶,怨是用希。"什么意思呢? 他说,伯夷跟叔齐不会记得别人过去所犯的过错,所以别人对他们的怨恨也就很少了。要懂得原谅别人,体谅别人。儒家是对自己要求严格,对别人尽量宽容。

孔子希望仲弓可以做到"赦小过",而仲弓确实也做到了。后来,子贡这样描写他的这位同门:"在贫如客,使其臣如借,不迁怒,不深怨,不录旧罪。"

"在贫如客",仲弓在家里面跟客人一样。什么意思? 我们到朋友家去作客,看到人家很有钱,你也不会羡慕,因为反正你是客人;你看到朋友家很穷,你也不会太在意,反正我又不住这里。仲弓家里虽然贫穷,但他好像是客人一样,不太放在心上。这一点跟颜回很接近。

"使其臣如借",吩咐部下做事的时候,好像跟人借东西一样,非常客气。我们跟别人借钱的时候,那真是委婉得很:不知道您是否方便,能不能帮我做一件什么事? 仲弓是长官啊,吩咐部下的时候为什么要这么客气呢? 因为他懂得自己要身先士卒,我自己还没有做到,叫别人做的时候,就要小心注意到对方的感受,注意到他是不是愿意去做。

"不迁怒"，我跟张三吵了架，不会去怪李四。

"不深怨"，人跟人相处一定会有怨恨，假设我现在有十个很好的属下，我要提拔一个，那就得罪了另外九个，这是很麻烦的事情。所以，做长官有时候很不容易啊！那你应怎么样做呢？你不要加深怨恨。

最后，"不录旧罪"，对于过去的罪过不要记下来。

这是子贡对他这位同学的观察，也反映出仲弓确实做到了孔子对他的期许。

第三，"举贤才"，要推举优秀的人才。仲弓就问了："我怎么知道谁是杰出的人才并予以提拔呢？"这的确是个问题啊，天下人那么多，我推举谁呢？孔子的回答非常切合实际生活经验："举尔所知；尔所不知，人其舍诸？"你就推举你熟知的人；不是只有你一个人做官，如果是人才的话，自然有别人推举他。

但这句话有它的后遗症，我们后代很喜欢说"一人得道，鸡犬升天"，就跟它有关。因为孔子说过"举尔所知"，比如说我教了好几个学生，如果我做官的话，这些学生就有福气了，因为他们是我认识的。而如果别人要来的话，因为不认识，不太放心，所以要慢慢去考察。这合乎人之常情。我们有时候看到别人做官，把自己的学生、亲朋故旧统统带上来，会说，哎呀，这个人怎么任人唯亲？但你可以想想，要是换了你会怎么办呢？你做官难道都用不认识的人吗？我们也知道"内举不避亲，外举不避仇"，要有非常开阔的心胸，先任用你认识的好人、人才，还要接纳其他人所推荐的，或经过考试选拔出的杰出人才。政治不是一个人的事情，政治是大家的事情，当然要选贤与能，让人才为百姓服务，这才是治国之道。

这就是儒家的思想，这九个字可以作为所有政府官员的座右铭：先有司，赦小过，举贤才。

仲弓可能知道老师说过自己口才不好没关系，但是否合乎行仁的要求则不知道。所以，他有一次就跟在颜回后面问仁。《论语·颜渊篇》一开头是颜回问仁，接着第二章就是仲弓问仁。孔子因材施教，学生越杰出，他的回答越精彩。所以仲弓问仁，我们就要注意听孔子的回答了。子曰："出门如见大宾，使民如承大祭。己所不欲，勿施于人。在邦无怨，在家无怨。"这三句话，我们很熟悉的是第二句"己所不欲，勿施于人"。各位想想，这八个字我们在哪里见过？在介绍子贡的时候。子贡曾经请教老师说，有没有一个字可以让我终生奉行的？孔子说，就是"恕"吧，己所不欲，勿施于人。恕，就是己所不欲，勿施于人，我不愿意碰到什么事，就不要把这种事加在别人身上。譬如说，我不愿意别人在背后批评我，那我也不在背后批评别人。

我们把这三句话分析一下，就可以了解孔子对仲弓这个好学生有怎么样的期许。

第一句话，"出门如见大宾"。出门的时候，好像去接见重要的宾客，譬如说，就好像要接见别国派来的大使一样。你说我每天看到老百姓有什么好担心的？我跟这些做官的同事们见面有什么好担心的？不行。你既然是要治理百姓，出门就要非常庄重，而且这个庄重是你应该自我要求的。我可以讲一个胡适先生的小故事。胡先生曾经被二十六所美国大学授予名誉博士，他本人是哥伦比亚大学的博士。很多人都有同感，就是你任何时候去胡先生家按铃，他出来时一定穿西装,打领带。大家觉得不可思议,因为来客并不都是事先打电话约定的,有时候是一大早跑来有事请求帮忙的,有时候是半夜跑来的,但无论何时,胡先生一开门,一定是穿西装打领带。平常我们很少穿着这么整齐,大概只有上台演讲的时候才这样。那么,胡先生为什么在家里也穿得这么整齐呢?他大概就是在实践这句"出门如见大宾",一开门就好像要接见重要宾客一样。为官的人要随时保持高度的警觉,让自己非常庄重。百姓只有感觉到你有做官的样子,才会觉得这个人很稳重、可靠,放心跟你走。

"使民如承大祭",就是让百姓做事的时候,就好像去承办重要祭典一样。古代人把祭祀看得非常重要,从天子祭天、诸侯祭山川,到一般老百姓祭父母,莫不如此。官员使唤老百姓做事,就好像举行祭典,要非常谨慎。古时候老百姓有什么事呢?一般来说,如果不打仗,就要服劳役。服劳役的话,家里有三个壮丁,就要出一个;有五个,就出两个,基本按照人口比例。另外,使唤老百姓做事还要选择适当的季节。如果在春耕夏耘秋收的季节让老百姓去筑长城,或者开沟渠,那就会妨碍农业生产,将来就没有收成了。所以,往往选择秋收以后让老百姓去服劳役。这一句话会让仲弓感觉到,作为一个政府官员,他的任务是多么神圣。

第二句话我们已经谈过了,己所不欲,勿施于人。其实我们也知道,一个人要修养德行的话,非从这里开始不可。这句话还可以进一步分析。我跟别人是平等的,交流是双向的,我如果对别人不好,凭什么要别人对我好呢?天下每一个人都希望别人对他好,那你为什么不设法也对别人这么好呢?通常,发生一些变故的时候我们都会想,是不是有人故意害我？故意整我？但是不要忘记，相对地，我们还要问自己，我到底做到了多少？做得好不好呢？所以，接受儒家思想是一种自我约束的开始。孔子也说过，因为自我约束而在言行上有过失的，那是很少见的。一个人做到自我约束的话，他说话就会给别人留余地，做事就会有分寸。

第三句话，"在邦无怨，在家无怨"。邦代表国，古代是诸侯有国，大夫有家。意思是说，我在国中做事的时候，老百姓不会抱怨；我在大夫之家做事的时候，老百姓也不会抱怨。一个诸侯国很大，说不定方圆百里；古代大夫也有封地，可能封给你几个城、几个县去管理，治下也有老百姓。孔子希望仲弓这个学生能够成为一个真正的好官。事实上，人的基础在于德行，如果德行好的话，其他的表现均随条件而定。你不能说我一定要做官，一定要做什么事，我们可以有个人的志向，但是你选职业的时候不见得能随心所欲，不见得可以心想事成，所以德行是最根本的基础。

尽管关于仲弓这个学生的材料很少很少，孔子对他所说的话，也就是简单几句，但其中对他的期许却是非常大的。这里，我们特别要注意到，行仁是一个动态的过程，所以孔子从来不说哪个学生，或者哪一个还活着的人合乎行仁的标准。在《论语》里面，孔子认为能够达到行仁标准的，只有六个人。虽然我们经常谈到这一段，这里不妨再重复一次。

微子、箕子、比干，这三个人都受到商纣王的迫害。所以，行仁有时候会遭到坏人迫害，不免成为殉道的烈士。这也太悲壮了。听起来好像人活在世界上要行善，就要经过检验，谁来检验呢？坏人。那坏人就得意了,你看,要靠我,你们才能成为好人。这个逻辑真让人尴尬。这时,我们不妨看看《老子》,里面说了,"善人者,不善人之师;不善人者,善人之资"。我们现在看一所大学,都要问"师资"如何?"师资"两个字来自《老子》。"资"的意思是借鉴。好人是坏人的老师,坏人是好人的借鉴。我因为看到坏人并不快乐,下场也不好,才知道自己应该做好人。所以,好人、坏人是互相映鉴的。

有一次,我在美国看了一部有趣的电影,涉及失业问题。美国社会很重视失业救济,其中有一项办法就是再教育,让失业者有了专长,可以再就业。可是上课的时候,这些学生都乱讲话,打瞌睡,根本不想听。因为他们从学校毕业之后,工作了一段时间又失业了,心情不好,怎么有兴趣上课呢?老师拼命喊,叫他们不要讲话。最后,学生们受不了了。班长站起来说:"老师,我们是失业了,在这里听你上课。我们如果都找到工作的话,老师不是要失业了吗?"他的意思就是说,老师跟学生是互相依存的,就如同我们前面提到的好人跟坏人是互相依存的一样。

我们不喜欢这个观念,因为它会给坏人借口,但这是客观事实。我们只能这样说:一个人如果做好人的话,可以得到快乐和内心的充实,那他何必去做坏人呢?对坏人,当然所谓的坏人也需要深入分析,我们常常会很同情,并希望他能改过迁善。所以,我们把行仁看作动态的话,就意味着人一定要不断努力。

孔子口中那些达到行仁要求的人还有谁呢?伯夷、叔齐,还有管仲。管仲的情况比较特殊,因为他的行仁是表现在效果上,也就是说,他一个人造福了天下人。这就给我们以启发:个人修德,永远没有完美的时候；但是你如果在一个位置上，希望把它做得完美，让职位产生的效果远远超过本来的期望，这样一来的话，每一个人都做超越职位要求的善的行为，这个社会怎么会不好呢？

我们看到有关仲弓的言行，就知道孔子并不是说分了德行、言语、政事、文学四科之后，彼此就不相通了，不是的。德行科的学生，他的言语不一定很好，但是从政的话仍然可以做得不错。所以，孔子说仲弓这个学生可以让他面向南方来治理百姓。那么，如果说你德行好的话，文学好不好呢？文学是文献方面的知识，那应该肯定是不错的，因为孔子教学的四个科目叫做文、行、忠、信。

"文"就是文献。你要读书，把《尚书》、《诗经》等念好，因为古代的人不念《尚书》、《诗经》的话，简直不知道怎么思考，怎么跟别人沟通。人是有传统的，中国历史从夏朝、商朝到了周朝，一路下来，你跟别人谈话，最好的方法就是举历史故事，一讲，大家就明白你想说什么，有时候甚至还可以指桑骂槐。你不要太直接，太直接的话，即使称赞一个人，也会弄得对方很尴尬。

"行"代表行为。用颜回的话来说，"博我以文，约我以礼"——广泛地学习各种知识，用礼约束自己的行为。一个人在思想上尽量地开放，尽量地去博学，了解所有的一切，但是在行为上要尽量约束自己。如果你不能约束自己的话，各种欲望统统出来了，你光是忙着满足这些欲望，就没有别的时间和精力了。我常常打比方说，对一个人而言，一生有两种选择：第一，做一颗霰弹；第二，做一颗达姆弹。霰弹射出后会散开来，用霰弹打猎的话，随便一发子弹都可能打中好几只小鸟或兔子，但是只能打中很小的猎物。达姆弹的威力很强，瞄准目标，一颗就可以打死一头大熊或一头狮子。人的一生,要不要集中力量呢?要不要针对一个大目标去奋斗呢? 假如你只是想得到一些小收获,这里做一点,那里做一点,分散力气,到最后就这样过了一生,岂不太可惜了? 如果你集中力量去对付大的目标的话,这是外在的吗? 不一定。我们学习了儒家思想就很清楚,目标还是在自己身上。

　　明朝有一位学者叫王阳明,他说过一句话,"破山中之贼易,破心中之贼难"。王阳明是很有本事的人,文治武功都很了不起。他是哲学家,他写的《传习录》里面有很多个人创见;他武功高,可以平定宸濠之乱。他这话有道理,把山中的贼赶走,那比较容易。你给我军队,我训练一下,好好去对付他们;但是要把心中的贼去除就很难了。为什么? 因为心中的贼是你从小慢慢养成的,已经形成某种生活习惯,某种思考的模式,要改的话,等于是要重新开始,把自己当敌人来对付,像曾子一样,"吾日三省吾身"。曾子说得很对,每天好几次自我反省,有没有不忠? 有没有不信? 有没有不习? 不忠就是没有忠于职守、忠于长官;不信就是不守信用,不讲道义;不习就是教学生的东西,有没有自己先做到呢? 曾子讲这个话的时候,应当是已经当老师了。从中可以看出,

王阳明像

学习儒家的人自我反省的时候很喜欢强调四点：德行有没有好好地修养？学问有没有好好地研究？听到该做的事有没有立刻去做？错误有没有立刻改过？孔子也是一样。

我们现在学习儒家，也要经常从反面来检讨自己。不要常常想我对我对，而要常常想我错我错。这样的话，才能改过；并且你真的要改过的话，改了这些还有别的方面呢，改不完，人追求完美永无止境。如果掌握了儒家的基本思路，你就会知道，儒家在德行方面的要求是最根本的。这就像是一棵大树，它的根在地底下，看不到，但却是大树存活的基本条件。我们要自己下工夫，不能够到处跟别人说，我今天克服了一样毛病，我今天增加了一种德行，别人不会在意的。所以，我们要先反省自己。

而另外一方面，不要忘记，要把自己当最好的朋友。修德的时候经常是一个人面对自己，只有把自己当最好的朋友才能够忍受孤独。儒家很强调"慎独"，就是一个人独处的时候，要特别小心，否则，跟别人打交道时再注意各种言行，那就来不及了。人在外面表现出的都是你独处的时候所下的工夫。如果没有先准备好，你不可能一上台，一出门，就跟别人有很好的互动。所以，孔子教仲弓的时候说，你出门如何，你使民如何，这其实是内在修养的外在表现。人要保持内外一致，这是很不容易的，应该首先从德行下手。

最后，我们用荀子的一段话来结束。讲到儒家的时候，很多人都会强调孔子、孟子，还有荀子。说实在的，一谈到荀子就比较复杂，因为荀子认为自己上接孔子的真传，但孟子也说自己得到孔子的真传，两个人都要争正统。但是一般认为，孟子掌握得比较准确，因为他把握住了孔子的仁。荀子认为他掌握到了礼。但是，礼是外在行为规范，对孔子来说，这是比较次要的，最根本的还是仁这个观念。但是不能否认，荀子很有学问，他对仲弓的评价特别高。荀子说过一段话，大意是，圣人能够得势的，是舜跟禹；圣人不能得势的，就是很失意的，是孔子跟仲弓。荀子居然把仲弓跟孔子并列，这真是令人吃惊。我相信荀子一定看到很多材料，知道仲弓的各种杰出表现，可惜，流传下来的文献太少了。

第十讲　向子张学习立志

我们要向孔子的年轻学生子张学习立志。

我们总共介绍孔子的十位弟子，以子张作为结束。在结束的时候特别提到立志，说明什么？大家要记住：学习完毕之后，才是真正实践的开始，落实在我们日常生活里面，就是要立志。

人活在世界上，如果只是过日子，那并不难；重要的是，你要过什么日子？在日子里面，你要如何安排一生，希望将来有什么样的成果？这是自己要负责的。所以，孔子教学首先重视立志。"志"这个字很有意思，士心为志，读书人的心就是志向。

说到子张，他年纪确实很轻。就我们所知道的，孔子经常接触的

子张像

学生中以他最年轻，比孔子小了四十八岁，近半个世纪了。那么，孔子在什么地方收的这个学生呢？在陈国。说到陈国，我们马上想到孔子这一生有一个最艰险的阶段，就是在陈国、蔡国之间，曾经好几天没有开伙，学生们饿得都走不动了。这个时候的各种困难，正好可以检验谁是君子，谁是小人。君子会坚持原则，因为人生的各种顺与逆，本来就不是人可以控制的，不能因为说很顺利，就代表我对，有阻碍就说明我错，没那回事。对与错不在外，而在于人内在有没有坚持基本原则。儒家就是希望我们掌握这样的原则。

子张是孔子晚期的学生，他在孔子身边也非常活跃。《论语》里面按照篇章来计算的话，出现最多的是子路，然后是子贡，接着恐怕就是子张了，出现的次数跟颜回差不多。孔子这位老师，对学生是你提问题我一定回答，你不问，我就很难主动告诉你什么，因为我不知道你问题何在。如果只是泛泛地上课的话，那只能讲经典，《诗经》、《尚书》、《易经》，也就是古代所谓的"三经"，再加上《礼》和《乐》。如果谁有问题问我的话，那我就可以按照问题所反映的情况解答，这叫因材施教。因为子张很年轻，所以什么问题都敢问，我们正好可以借此了解他。我们也可以把自己当做子张来向孔子请益，看能够学到什么，尤其是怎么样去立志，走上人生的正路。

子张非常直接，我以前读《论语》，就觉得这个学生怎么那么大胆呢，他直接就"学干禄"。学干禄是什么意思呢？就是跟老师请教，我出去的话，怎么样别人才能给我官职，给我工资啊？以前曾有一个学长这样问过，老师的反应好像不太好。是谁呢？樊迟。樊迟跟了老师好久，发现出去就业有困难，就说，老师你干脆教我种田算了。孔子说，"我不如老农"，我比不上老农夫。樊迟又说，那你教我种菜算了。孔子说，我不如老菜农。最后，孔子评价说，"小人哉，樊须也"。孔子公开说自己的学生是小人，就是在这个地方。小人不是坏人，而是没有志气的人。那么，为什么说樊迟没有志气呢？居于上位的人，好礼、好义、好信，这叫做善。你读书掌握了古代经典，出来做官行善的话，四方的老百姓就背着襁褓中的小孩子追随你，天下就稳定了，又怎么用得着亲自耕种呢？读书人要有这样的志向：我不是只求个人有没有饭吃，有没有薪水，而是为了实现理想，天下太平，每个人都能够过得快乐。所以，孔子对樊迟自然就有这样的回答。

现在，子张又来问了，我怎么样可以得到官位，得到俸禄？孔子直接回答说："广泛地听各种言论，有疑惑的放在一边，然后谨慎去讲你有把握的部分，这样就会减少别人的责怪；你广泛地去看各种行为，有不好的放在一边，然后谨慎地去做有把握的，这样就能减少自己的后悔。说话很少被责怪，做事很少会后悔，自然而然就有官位，就有工资了。"原话是："言寡尤，行寡悔，禄在其中矣。"人活在世界上，其实就是言与行两件事——你该怎么说话，该怎么做事，我们平常跟别人来往，不就是这两个字吗？通常，我们说话都会觉得很苦恼，好像无话可说，最后只好说说八卦，有什么小道消息了，别人出什么绯闻了。这样一来，别人就会觉得跟你在一起，每天就绕在那些无聊的新闻里面打转，很不好。所以，说话的时候要谨慎，要有内容，有意义。做事的时候，就看是否言而有信，是否能够不断地有创意，改善我们的生活。这种言与行的配合，在孔子的教学里面是非常具体的。

记得大概十几年前，我到荷兰教书的时候，想要做个试验，选择

《论语》的一句话作为我这一年的座右铭。选哪一句呢？就选了孔子教导子张的话："子张问行。子曰：'言忠信，行笃敬，虽蛮貊之邦，行矣。'"孔子说："说话真诚而能够守信，做事认真而负责，即使到了蛮荒的地方，没有开化的地方，都可以行得通。"我心里想，既然在蛮荒落后的地方都行得通，何况是在荷兰这种先进国家呢？在荷兰的那一年，每天跟别人说话的时候，我就练习同时听自己说话；做任何事情的时候，我就好像在旁边看自己做事。这不是精神分裂，而是一种训练。通常，我们说话自己不听，只是说给别人听，有时别人的反应吓我们一跳，他干吗那么激动？事实上，如果你认真听自己说话，就知道别人为什么会有这样的反应。那么，你为什么要等看到别人的反应再改正呢？如果练习说话的时候同时听自己说话，有什么问题就可以立即改正；做事的时候从旁观察自己，有什么问题不用等别人讲，自己就设法去改善了。我在荷兰的一年试验，自己觉得很有效果，让我可以更加注意到言与行的配合。反之，如果你言不忠信，行不笃敬，就算在自己的家乡也走不通啊。所以，在任何地方都要记住这六个字，因此，"子张书诸绅"，子张立刻就把它写在衣带上面。

可见，子张的问题问得非常直接，非常具体。他不会觉得说，我问怎么样去找工作，好像不够高尚，没那回事。此外，他也问过一些很特别的问题。

子张曾经问老师说："十世可知也？"十代之后的制度，可以知道吗？一世是三十年，十世就是三百年了，三百年之后的事可以知道吗？孔子怎么说？他说："商朝沿袭夏朝的礼制，所废除的与增加的可以知道；周朝沿袭商朝的礼制，所废除的与增加的可以知道；以后若有接续周朝的国家,就算历经一百世,也可以知道它的礼制。"人性是一样的,都是向善的。怎么样表达人性呢?这就需要礼与乐,需要社会上的各种制度。制度的兴革损益,是按照时代的需要进行调整。比如说,以前守丧三年,现在已经很少人这样做了;其实在孟子的时代,已经没什么人这样做了,用三年守丧,那么长时间不上班,谁吃得消?所以,有时候礼也需要调整、更改,其关键所在是心意,而不是外在的规矩;但是,也不能完全没有外在的规矩。如果只强调心意的话,有时候会走偏。比如说,我们谈到道家,在魏晋时代,就有所谓的新道家,其代表人物是阮籍、嵇康等。新道家对于儒家的礼法与名教就不太赞成,认为那种规矩是虚伪的,骗人的,内心并没有真诚的情感。所以阮籍怎么做?他母亲过世的时候,他就不愿意跟一般人一样守孝,而是照样吃肉,照样喝酒。别人都说这种人实在是太不像话了,对母亲太不孝顺了。但是母亲出殡的时候,阮籍一哭就吐血了,说明他内心还是非常哀伤。但是,为了反对儒家的礼乐教化,刻意反其道而行,也不好。事实上,礼仪与法律是为了配合人的情感的需要而设置的。这点我们之前讲三年之丧的时候也提过。所以,不要笼统说我反对它,或是我完全遵守它,一定要记得,所有外在的行为都有内心的情感做基础。内心的情感跟外在的行为配合得恰到好处,叫做文质彬彬,就是儒家的君子。所以我们学习儒家思想的时候,要有这种比较平常、比较正常的心态。

子张有时候就身边的事情提出很多问题。有一次,有一位乐师(古代很多乐师是盲者)来看孔子,孔子接待他的时候,不停地提示说:这有台阶;到了座位旁说:这是坐席;大家坐下之后,孔子告诉他说:某某人在这里，某某人在那里。乐师离开之后，子张请教说："老师，您刚刚所表现的是不是接待一个盲者应该有的方式呢？"孔子说："对，我们接待盲者是应该这样子。"什么意思？同理心啊。我们自己有眼睛，不知道盲者的痛苦，反而觉得奇怪，他怎么不知道这边有台阶呢？盲人用拐杖去触碰的时候，虽然经过训练，但也不太有把握，所以如果你有同理心的话，就会提醒他。孔子的同理心表现得非常自然，完全不是刻意去对谁好或者不好，这就是儒家真诚的表现。这段资料看起来没什么，但事实上正好反映出儒家替别人着想的心，我们说"如心为恕"，如心就是将心比心，跟任何人来往，都要设想他的情况，千万不能主观、自私。正是子张把这件小事情提出来请教，我们现在才能看到这段资料。

　　子张还提了很多别人想不到的问题。比如说，他问老师，怎么样才能够"崇德辨惑"？崇德，就是提高品德；辨惑，就是辨别迷惑。说到

孔子向师襄学习音乐

辨别迷惑，特别值得我们注意。孔子自述生平说，"三十而立，四十而不惑"。但是很多人不懂什么叫"四十而不惑"。我的很多朋友都快四十岁了，他们都说"四十而大惑"，因为到四十岁的时候才发现，以前认为没有问题的都有问题了；人在四十岁以前反而很少迷惑，因为都是父母教你怎么做，老师教你怎么做，进入社会找到工作之后，老板叫你怎么做就怎么做，哪里有迷惑的机会呢？但到四十岁的时候，已经成家立业，甚至有了子女，这时候就会觉得遇到了许多人生问题。

孔子对子张的问题回答得很清楚：第一，你做任何事，都要以忠信为主，然后，看到该做的事，就跟着去做，这样就提高品德了。这里提到了"忠信"两个字，我们前面讲到曾参的时候，曾参曾说老师的道就是忠恕，其实孔子说的更多的是忠信。尽己之谓忠，我自己很真诚，认真负责来做事；信指的是说话算话，也是一个言一个行，互相配合。这是提高品德的方法。第二，什么叫辨别迷惑呢？孔子说得很清楚："爱之欲其生，恶之欲其死，既欲其生又欲其死，是惑也。"由此可知，孔子对于人类的情绪反应实在是有透彻的观察、透彻的了解。你爱一个人，就希望他活久一些；讨厌一个人，就希望他立刻死掉；对同一个人，又让他生，又让他死，这样就是迷惑。乍一听，我们会觉得孔子好像在写言情小说，他谈的应该是一种比较激烈的狂热爱情吧。一般人交朋友，怎么可能既要他活，又要他死呢？但是，事实上，古时候的人没有谈恋爱的机会啊。所以，孔子这样说，我们不应该只联想到爱情。

我在美国读书的时候，曾经看到一个美国汉学家写了一篇文章，他说，孔子曾经批评一对男女，因为感情得不到家人的谅解，而在山沟里自杀了。我看到之后很惊讶，怎么我不知道这个典故呢？我们一辈子都在读这些书,怎么没有看过这一段呢？他说这是《论语》里面的故事。我仔细翻了好几遍,终于找到了。原来,他讲的是管仲那一段。

孔子的学生子路和子贡都批评管仲。孔子替管仲辩护说,管仲其实很不错,他作为齐桓公的宰相,通过外交手段避免了战争,造福了各国百姓。本来,齐国宰相只负责照顾齐国百姓,而管仲既然使各国都避免了战争,自然是照顾了天下百姓,所以,孔子说,老百姓到现在还承受着管仲的恩赐。然后,孔子接着说:"管仲难道应该像坚守小信的匹夫匹妇一样,在山沟里自杀,死了都没有人知道吗？"孔子所说的"匹夫匹妇"指的是平凡的老百姓,世间的男男女女。外国人看到匹夫匹妇,就觉得一定是男女谈恋爱,出了感情问题,然后在山沟里自杀了。

孔子这样去教导子张,是因为子张还年轻。不要忘记,子张比孔子小四十八岁,所以,假设子张二十岁,孔子已经六十八岁了,是老人家了。老人家跟学生讲解迷惑,才可以讲得这么生动,因为他很了解人情世故,也知道年轻人的烦恼何在。

在《论语》里面,孔子曾两次为学生解答什么是迷惑。我们就把另外一段也一并分析。另外一次是谁发问呢？就是我们刚刚提过的樊迟。樊迟这个学生很老实,不太聪明,他的名字叫"迟",应该是比较迟钝。樊迟一口气问了三个问题,即"崇德、修慝、辨惑"。慝就是藏在心里的怨恨。樊迟的三个问题是:如何增进德行、消除积怨与辨别迷惑？首先,怎样提升德行？孔子说:"先努力工作然后再想报酬的事。"也就是说,做任何事,不要先计较条件,要先认真把事做好再说,这样品德就慢慢提高了。这比较容易。第二,怎样减少怨恨呢？孔子说:"要批评自己的过错而不要批评别人的过错。"你老是讲别人的缺点,当然会引起怨恨。如果一直自我检讨，别人就不会怪你了。第三是我们的重点，怎样辨别迷惑呢？孔子对樊迟的回答就跟回答子张的不一样了，他说，"一朝之忿"，因一时的愤怒而忘掉自身的处境与父母的安危，不是迷惑吗？可见，要小心愤怒，愤怒很可怕。

在西方，这几年很流行谈情商，也就是 EQ。打开《EQ》这本书，扉页上就写着亚里士多德的名言："生气谁都会，但什么时候对什么人生气，生气到什么程度，这是很难学会的。"亚里士多德是古希腊哲学家，柏拉图的学生。我们讲情商，不是要求不生气，而是要恰到好处。一个人做坏事，你不生气，那等于是纵容他，但什么时候生气，到什么程度呢？你就要控制自己的情绪，适当表达。一个人愤怒的时候所发出的力量是很可怕的。李安拍过一部电影叫《绿巨人》，主人公一生气马上就变绿了，身高、体重都是原来的几倍。

孔子希望学生凡事小心，不要因为生气，一下子就忘掉自身的处境和父母的安危。你因为生气，去随便跟别人打架，甚至伤害了别人，那父母也会有危险，人家报仇找不着你，找你父母怎么办？所以，孔子讲解迷惑的时候，关键就是希望学生控制情绪，无论爱恨都不要太激烈，要设法让情绪中和。

孔子本人就是情商的高手。你看孔门弟子怎么描写他，只有三句话："子温而厉，威而不猛，恭而安。""温而厉"，就是温和而且严肃。一般人温和了就不严肃，别人可以对他嘻嘻哈哈，无所谓了。而孔子，温和与严肃两种情绪可以调节适中。"威而不猛"，有威严但是不刚猛。一般人一威就猛了，大家就怕他了。"恭而安"，非常谦恭而且安适。一般人恭敬的话，就局促不安，手脚都不知道该怎么放了。由此可以知道,孔子的情绪实在是控制得很好。

我们再回过头来谈子张。子张所提的问题,都非常特别,有时候直接针对个人的需要,或者针对个人的情况。比如,他提问说:"读书人要怎么做,才可以称为通达呢?"孔子就先反问他:"你所谓的通达是什么意思?"这是很高明的教学技巧。我当老师当久了,有时候学生提问题,我立刻回答,解释了半天,结果学生说,老师我问的不是这个。有时候,真正能够回答问题的,恰是提问人自己,因为只有提问人才知道自己在问什么。子张答说:"在邦必闻,在家必闻。"在诸侯之国任官一定成名;在大夫之家任职,也一定成名。"闻"意思是有名,别人都知道你的名字。孔子说:"这是闻,不是达。"很清楚,你问我什么是达,我让你先回答,结果你自己讲的是有名。有名不是通达,有名的人不见得到处走得通啊,名之所至,谤亦随之。你有名,就有人批评吧。那怎么办呢?

孔子进一步教导说,真正通达的人,必须做到三件事:第一,质直而好义;第二,察言而观色;第三,虑以下人。我们用白话来讲就是:第一,品行正直而爱好行义。你要通达,到任何地方都走得通,一定要保持一颗真诚、正直的心,该做的事,要赶快去做。第二,认真听人说话并看人神色。人要走得通的话,一定要会察言观色。察言观色不是坏事,因为如果你不了解长辈或长官的脸色如何,说话的语气如何,这些都不管,那就很麻烦。孔子很强调说话的重要,他曾经说过,你跟长辈在一起的时候要小心,要努力避免三个毛病:第一个,不到该你说话的时候就说,叫做急躁;第二个,该你说话的时候不说,叫做隐瞒;第三个,不看别人脸色就说,叫做瞎子。你没看到别人脸色不好吗?你还是哪壶不开提哪壶，专门讲这个。只有学会察言观色，大家才欢迎你，你才走得通。第三，"虑以下人"，就是随时都要考虑到谦卑待人，要谦虚。一个人谦虚的话，才能走得通。《易经》里面有六十四卦，每一卦有六爻，爻有好有坏，只有一个卦的六爻非吉则利。这就是谦卦。所以，如果你占卦占到谦卦，就知道没有问题了。但是不要忘记，谦卦非常不容易。你看它的卦象，上面是地，底下是山，一座山藏在地底下，哇，很辛苦啊，很不简单。山代表你学习、德行有成就，像一座山一样，让别人仰望。但是，这座山居然藏在地底下，表面看起来是一望无际的平原，这就叫谦虚。有些人说自己很谦虚；我说，你不叫谦虚，你本来就没有什么内涵，只能叫做实在。谦卦叫做地山谦。像谁一样呢？像颜回。尽管谦卦非常好，但是很难做到，要付出很大的努力才行。

孔子教导子张，做好这三点，才能够通达。最怕怎么样呢？就是表面上以为自己行仁，但实际又做不到，还以为自己不错。

人最怕自以为是。经过基督教洗礼的西方传统，提出"七大死罪"的观念。我记得有一部布拉得·皮特主演的电影，片名就叫《Seven》。Seven 是什么意思？就是七大死罪。为什么定为死罪呢？说明它们很严重，很难改正。七大死罪的第一个就是骄傲。骄傲这个词在西方有很特别的含义。存在主义的第一位倡导者叫克尔凯郭尔。他提到人的三个层次的时候，特别提到道德伦理的层次。他说这个层次最怕骄傲。为什么人不能骄傲呢？因为人有生有死，必须谦卑；人一骄傲，就会认为这一切都是我该得的，我就应该活下去。那是一种幻想，人的生命其实是没有保障的，任何时候都可能有危险。所以，西方人的观念认为，人如果骄傲，就不符合自己的身份，尤其是有点道德之后，很容易自以为义，觉得自己是好人，而一旦认为自己是好人，就骄傲了，就已经开始犯错了。这是西方一种很深刻的思想。

我们跟西方文化隔了一层，会觉得很多话听不太懂，不能接受。我们常强调一个人要有自信，要有点抱负，但是你不能骄傲，骄傲代表自我中心；自我中心的话，就会看不起别人，就会过于凸显自己的优点。其实，不要说在西方骄傲是很严重的罪过，在儒家

周公像

看来也是一样。孔子最崇拜周公，但他说了一句话："如有周公之才之美，使骄且吝，其余不足观也已。"孔子说，即使你有周公这么好的才华，这么让人称赞的美德，如果你既骄傲又吝啬，其他部分也就不值得一看了。为什么？因为骄傲的人是跟别人相比，我要胜过你；吝啬的人呢，我有好处不分给你。一个人既骄傲又吝啬，他的才华越高，那不是越可怕吗？如果愿意跟别人分享，才能够把自己的力量跟整个社会的繁荣发展结合在一起；但如果一个人不懂得与别人分享，拥有再多的力量和智慧又有什么意义呢？这与西方人批评骄傲是一样的意思。

人活在世界上，每一个人都有优点，你在这一方面杰出，他在另一

方面杰出，整个社会需要合作，取长补短，大家互相帮忙，最后才可以整体走向繁荣。

子张这个学生还问了很多问题，比如说，他曾请教明见的道理。"明"意思是明智，就是清楚通透，不要让别人骗我。孔子的回答很好。他说，有两种表现，代表你这个人头脑很清楚，不受干扰：第一个叫做"浸润之谮"；第二个叫做"肤受之愬"。这八个字非常生动！第一个就好像是滴水穿石，每天下小工夫，在你耳朵旁边跟你说某人的坏话，日积月累进谗言；第二个，就好比拿针直接刺你一下说，你知道吗？张三在背后把你骂成什么样子了！看到没有，前面是慢慢下工夫，后面是一下子给你刺激。如果这两种都无效，就说明这个人很清醒，别人怎么说都没有用，我耳根不软，我皮肤也够硬，没有问题。我们在社会上常常遇到有些人日积月累地在你旁边说别人的坏话，你往往会受影响，对某个人产生某种印象。或者有人忽然告诉你，有人在背后怎么骂你了，骂得很难听，那你的反应恐怕会很激烈了。这说明，你被干扰了，你还不够智慧，你看得还不够明白。

子张跟同学们的关系不好，这个我们也不用讳言。你只要打开《论语》的第十九篇《子张篇》，就能够看到有同学批评子张说，这个小学弟言行显得高不可攀，但是很难跟他一起走上人生的正路。另外一个同学说了，子张的所作所为已经难能可贵了，不过还不算是合乎仁德的要求。看到没有，很多同学对他有意见。

子张与子夏有一些交往。有一次，子夏的学生跑来请教子张（子张是他们的师叔）交友之道。子张说："你们老师怎么教的？"那学生说："子夏老师说了：'值得交往的，才与他交往；不值得交往的，就拒绝他。'"这话太狭隘了吧？很多人都觉得儒家的交友原则有些奇怪，因为孔子说过一句"毋友不如己者"。以前很多人把这句话翻译成：孔子说："不要交不如自己的朋友。"如果这样翻译的话，就很麻烦了。假设你不如我优秀，跑来跟我交朋友，因为孔子说过，不要交不如自己的朋友，所以我不理你。那我找谁做朋友？我要找比我好的人。那他可能也读过这句话啊，他也会跟我说，孔子说过，不要交不如自己的朋友。到最后，大家都没有朋友，只能念一句"有朋自远方来"，安慰自己了。可见，子夏教书过于拘谨。

这时，子张说话了："我听到的与此不一样啊。君子尊重才德卓越的人，但是也包容一般大众；称赞行善的人，也同情未能行善的人。"也就是要包容、同情比自己差的人。如果我自己才德卓越，对什么人不能接纳呢？我若是才德不如别人，别人会拒绝我，我又凭什么去拒绝别人呢？这话当然会传到子夏耳中了，子夏对子张一定不太满意啊，所以子张人缘不是很好，孔子在《论语》里面就说他"师也辟"。什么叫辟呢？可以翻译成高傲，志向高；也可以理解成生性偏激。

《论语》的最后一篇是《尧曰篇》，只有三章。第一章讲古代历史，从尧、舜、禹，直到周武王；第二章就以特别长的篇幅讲了子张，其文字之多，在《论语》里面不多见。子张请教老师："怎么样才能把政务治理好？"这一次，孔子讲得特别详细，提出了"尊五美，屏四恶"的原则，就是要推崇五种美德，摒弃四种罪过、恶行。

我们先说"五美"。第一是惠而不费。对老百姓很好，但却没有什么耗费。通常，施惠于民就要花钱。你对我好，每天请我吃饭，给我高工资，那要花很多钱。但是，孔子说，从政的第一点就是要注意做到惠而不费,给老百姓恩惠,但却不要浪费。怎么做到呢?顺着老百姓的心思去做,就行了。第二,叫做劳而不怨。让老百姓去做事,却不招来怨恨。怎么才能做到呢?选择适合劳动的情况去让百姓劳作。比如说,农村需要开一条沟渠,老百姓都知道,如果有沟渠的话,水利改善,收成就会好。先把道理说清楚,大家都认可了,劳动起来虽很辛苦,但却不会有人抱怨。第三,欲而不贪。"欲"就是有欲望。有欲望但是并不贪得无厌。那该怎么做呢?如果自己想要的是行仁,结果得到了行仁的机会,还贪求什么呢?我们把欲望分为两种:第一种是自我中心的欲望;第二种是非自我中心的欲望。人活在世界上,年幼的时候不懂事,通常都是以自我为中心,对我好的就是好的,对别人怎么样我不管;随着人慢慢地长大,你就要秉持非自我为中心的欲望,就是不是为自己着想,而是为每一个人考虑,比如,希望国泰民安,希望社会和谐。这就是欲而不贪,有欲望但是不贪心。第四,泰而不骄。神情舒泰,但是并不骄傲。不论对方人数多少,以及势力大小,君子对他们都不敢怠慢。最后,是威而不猛。做官的时候,要求自己要非常谨慎,做事要有分寸,不要让别人觉得有压力。我首先让自己保持庄重的样子,别人自然就会尊重我了。这与子夏描写君子的三种风范"望之俨然,即之也温,听其言也厉"(远远地看,庄重严肃;就近接触,和蔼可亲;听他说话,一丝不苟)异曲同工。孔子的意思是,能够做到"惠而不费,劳而不怨,欲而不贪,泰而不骄,威而不猛"这五点的话,从政不是问题。其核心思想就是处处替百姓设想。我当一个单位的主管,就要替这个单位的每个人设想,做任何事都顺着大家的愿望去做,结合大家的想法去做,这样自然就有共同的目标,大家愿意一起努力。

要摒除的四种恶行中，第一个是"不教而杀谓之虐"。我们当老师当久了，常常会引用这句话。没有事先告诉百姓，这个不能做，那个不能做，百姓犯错就杀，这叫酷虐，就是苛政啊。第二个是"不戒视成谓之暴"。没有先提出警告，就要看到成效，这叫残暴。比如说，我现在没有叫你们记笔记，下课的时候我却要收笔记。同学们就会吓一跳说，你没有叫我们做笔记，为什么要收呢？哎，我就是要收，看看谁用功。这就叫做残暴。第三个是"慢令致期谓之贼"。延后下令时间，届时却严格要求，这称作害人。比如，同学问我说，老师，下个月要交笔记吗？我说不急不急，慢慢来。但下个月一到，立刻收笔记。这就是贼。"贼"不是指小偷，意思是伤害，伤害人的情感了。最后一个是"出纳之吝谓之有司"。反正是要给人的，出手却吝啬，这叫做打官腔，刁难别人。比如，我申请救济，明明已经批下来了，办事人员就是拖拖拉拉，到下个月结账时再给你，拖得你都垮了。

如果能做到"尊五美，屏四恶"，就可以把政务治理好了。学生请教政治，孔子的回答从来没有这么详细过。

我们常常用到的"过犹不及"这个成语中，"过"就是指子张，"不及"就是指子夏。子张很自信，理想很高，问题也提得很好，能够与孔子碰撞出火花。从子张的表现可以知道，做孔子的学生就要勇于提问题。子张在另外的场合也问过怎么样从政的问题，当时，孔子就说了八个字："居之无倦，行之以忠。"在职位上不要疲倦，要有恒心，执行起来态度忠诚。人最怕疲倦，比如说，努力修德，修了一个多月，发现没有成果，算了，就放弃了。这就是疲倦了。我们要记住恒心最重要。孔子也说过，善人，我是没有机会见到了；能见到有恒者就不错了。为什么需要有恒呢？因为人性向善，真诚引发力量，由内而发，恒心就来自向善的力量。人必须时时警觉，今天做到了，明天还要继续做，不能停止。这很像《易经》里面所说的"天行健，君子以自强不息"，与之相配合的另一句话是"地势坤，君子以厚德载物"。这告诉我们，人的身体一定是慢慢衰老，但是心智却可以不断地成长，永远没有极限，除非你自己放弃。

我们这一讲介绍了子张，特别提出要向他学习立志。子张的很多话都提醒我们可以通过他向孔子请益。孔子的每一位学生都有自己特殊的气质、个人的性相、人生的规划与生命的发展，我们从他们身上似乎可以看到周围很多朋友的影子，从每个人身上都能发现闪光点来学习。取法乎上，至少可以得乎其中。